MÜNCHEN

von Marlis Kappelhoff

Marlis Kappelhoff
Nach dem Studium der Publizistik
und der Ausbildung zur Fotojour-
nalistin folgten längere Auslands-
aufenthalte und die Tätigkeit als
Redakteurin bei einer Lokalzeitung im Rheinland. Danach kehrte
Marlis Kappelhoff in ihre Wahlhei-
mat München zurück, wo sie zuerst
im Pressereferat des Goethe-Instituts
arbeitete, bevor sie als Lektorin in einem Reisebuchverlag anfing. Heute
arbeitet sie als freie Autorin. Fotos
und Beiträge ihrer Reisen kreuz und
quer durch Europa wurden in diversen Publikationen veröffentlicht.

www.vistapoint.de

Top 10 & Mein München

Stadttouren   mit Detailkarte

Streifzüge   mit Detailkarte

Vista Points – Sehenswertes

Erleben & Genießen

Chronik

Service von A bis Z

Zeichenerklärung

Top 10
Das sollte man gesehen haben

Mein München
Lieblingsplätze der Autorin

Vista Point
Museen, Galerien, Architektur und andere Sehenswürdigkeiten

Kartensymbol: Verweist auf das entsprechende Planquadrat der
ausfaltbarer Karte bzw. der Detailpläne im Buch.

Willkommen in München

Vor einigen Jahren stand folgende Anzeige in einer Münchner Tageszeitung: »Gesucht werden aktive Bergwanderer mit Klettererfahrung. Mitzubringen sind entsprechende Ausrüstungsgegenstände plus Eimer und Schrubber zwecks Reinigung des Zeltdachs des Olympiastadions.« Prompt fanden sich zum angegebenen Zeitpunkt um die 50 Freiwillige ein. Veröffentlicht wurde der Aufruf nur leider an einem 1. April, und so wurde es nichts mit der dringend notwendigen Generalreinigung einer der großen Sehenswürdigkeiten der Stadt. Die Quintessenz: Wenn es um seine Stadt geht, ist der Münchner zur Stelle!

Und dabei wird ihm doch nachgesagt, er sei grantig, sprich unfreundlich, arrogant, laut und pflege einen übertriebenen Lokalpatriotismus. Stimmt und stimmt natürlich auch wieder nicht, wie alle Verallgemeinerungen. Eins aber hat sich der Münchner, egal ob Zuagroasta oder echtes Münchner Kindl, auch in Zeiten der Globalisierung bewahrt: seine unbeirrbare Lebensfreude.

Er ist sich seines kulturellen Erbes bewusst und zugleich stolz auf die Spitzenleistungen in Wissenschaft und Wirtschaft, die diese Stadt mit ihrer Elite-Uni zu einer der europäischen High-tech-Metropolen Europas werden ließen.

Auch wenn die Hauptsehenswürdigkeiten der Altstadt bis auf wenige Ausnahmen detailgetreue Rekonstruktionen der während des Zweiten Weltkriegs zerbombten Originale sind, tragen sie zu einem nicht unwesentlichen Teil zur Identifikation der Bewohner mit ihrer Heimatstadt bei. Das geht so weit, dass man sich bis heute erfolgreich gegen jede Form zeitgenössischer Hochhausarchitektur im Innenstadtbereich zur Wehr gesetzt hat.

Man lebt, arbeitet und ächzt hier genauso wie anderswo unter den Anforderungen einer sich ständig wandelnden Welt, aber, und das ist das Besondere, man versteht es zu leben. Hier hockt man noch an schönen Sommerabenden stundenlang mit der Familie und Freunden im Biergarten. Wie zu Hause wird der Tisch unter Kastanien gedeckt und darauf gestellt, was der Kühlschrank hergibt. Nur die Maß Bier muss noch besorgt werden!

Hinter dem Englischen Garten erhebt sich die Kulisse Münchens

Top 10: Das sollte man gesehen haben

1 Frauenkirche
S. 11 f., 38 f. ➡ L8
Die Doppelturmfassade mit den Welschen Hauben dürfte das meistfotografierte Motiv der Innenstadt sein. Optimal lässt sich das Wahrzeichen vom Marienplatz aus auf den Kamera-Chip bannen.

2 Asamkirche
S. 15, 37 f. ➡ L7
Die Brüder Egid Quirin und Cosmas Damian Asam schufen mit dieser einzigartigen Rokoko-Raumschöpfung ein Sinnbild von ekstatischer Frömmigkeit.

3 Hofbräuhaus
S. 15, 62 ➡ L9
Oktoberfest und Hofbräuhaus sind nicht nur für die Gäste aus Übersee die Hauptattraktion der bayerischen Landeshauptstadt. Auf jeden Fall mal einen Blick hineinwerfen.

4 Residenz
S. 16 f., 47 ff. ➡ K8/9
An ihrem Stadtschloss bauten die Wittelsbacher über Generationen. Der bayerische Ministerpräsident empfängt heute im riesigen, prunkvollen Antiquarium, das zur Zeit der Renaissance entstand, seine Staatsgäste.

5 Pinakotheken (Kunstareal Alte, Neue und Pinakothek der Moderne)
S. 24, 35 f. ➡ H7/8
Die Sammlungen der drei Pinakotheken gehören weltweit zu den Top-Adressen in Sachen Kunstgenuss.

6 Schloss Nymphenburg
S. 29, 50 f. ➡ bB/bC3/4
Für die Besichtigung der ehemaligen königlichen Sommerresidenz (Führung) mit ihrem Park und den darin verstreut liegenden Pavillons sollte man mindestens einen halben Tag einplanen.

7 Deutsches Museum
S. 31, 74 f. ➡ N9
Das weltweit größte naturwissenschaftlich-technische Museum liegt auf einer Insel in der Isar und ist nicht nur für Technik-Freaks von Interesse.

8 Allerheiligen-Hofkirche
S. 37 ➡ K9
Die erhabene Raumwirkung dieses im Zweiten Weltkrieg völlig zerstörten Sakralraums ist nach seinem schlichten Wiederaufbau beeindruckend. Zu erleben ist er nur im Rahmen einer kulturellen Veranstaltung.

9 Englischer Garten
S. 44 f. ➡ E-J10/11
Frühling, Sommer, Herbst oder Winter: Keine Jahreszeit und kein Wetter können einen versäum-

ten ausgedehnten Spaziergang entschuldigen.

Olympiapark
S. 47 ➡ A/B3/4

Das Areal mit seinen noch immer hinreißenden, schwebenden Zeltdach-Konstruktionen über den einzelnen Sportstätten der XX. Olympischen Spiele im Jahr 1972 gehört zu den überragenden Architekturentwürfen nicht nur seiner Zeit.

Mein München
Lieblingsplätze der Autorin

Lieber Leser,

dies sind einige wenige besondere Punkte dieser Stadt, an die ich immer wieder gern zurückkehre. Eine spannende Zeit in München wünscht Ihnen

Marlis Kappelhoff

Hofgarten
S. 19 f. ➡ J/K9

Genau der richtige Ort, um nach einem ausgedehnten Stadtspaziergang den müden Füßen eine Pause zu gönnen. Der Blick auf Kuppel und Türme der Theatinerkirche hat was!

BMW-Welt
S. 42 f. ➡ A5

Das spektakuläre Highlight zeitgenössischer Architektur lässt sich locker mit einem Spaziergang über das Olympiagelände verbinden.

Amalienburg
S. 51 ➡ bC3

Das zartrosa Rokoko-Schlösschen ist eine einzigartige Schöpfung des großartigen Baumeisters François de Cuvilliés. Un-

bedingt durch die Innenräume bummeln.

Orlandohaus
S. 56 ➡ L9

Schuhbecks Bistro-Café in unmittelbarer Nähe des Hofbräuhauses ist nicht preiswert, aber dafür exzellent. Warum den Tag nicht hier mit einem Frühstück starten? Haus und Gastraum allein sind schon eine besondere Sehenswürdigkeit.

Kokon mit Café
S. 73 ➡ K7

Wer das ausgefallene Geschenk oder eine Inspiration für die eigenen vier Wände sucht, ist hier richtig. Empfehlenswert ist das kleine Café im ersten Stock. Serviert werden Snacks und wundervolle Kuchen.

Im Schatten der Welschen Hauben

Vormittag
Karlsplatz/Stachus – Neuhauser-/Kaufingerstraße – Bürgersaal – Michaelskirche – Deutsches Jagd- und Fischereimuseum – Frauenkirche – Marienplatz – Tal (Heiliggeistkirche) – Isartor – Alter Peter – Viktualienmarkt (im Kartenausschnitt rot eingezeichnet).

Nachmittag
Schrannenhalle – St.-Jakobs-Platz – Sendlinger Straße – Asamkirche – Alter Hof – Alte Münze – Platzl mit Hofbräuhaus (im Kartenausschnitt blau eingezeichnet).

Die vielen Steinhocker rund um die sprudelnde Brunnenanlage auf dem **Karlsplatz/Stachus** ➔ K6 gehören an warmen Tagen zu den begehrtesten kostenlosen Sitzplätzen des beliebten Treffpunkts. Vor dem Start zum Stadtbummel sollte man für Momente den vielsprachigen Trubel der halbrunden Platzanlage mit dem Doppelnamen genießen. Es war der ungeliebte Kurfürst Karl Theodor, der Ende des 18. Jahrhunderts den Abriss der äußeren Stadtbefestigung befahl und diesem Platz seinen Namen gab. Die zweite, gängige Bezeichnung »Stachus«, die die Münchner bevorzugen, geht auf den Gastwirt Eustachius Föderl zurück, der im 18. Jahrhundert auf dem Gelände des heutigen Kaufhofs ein Ausflugslokal betrieb.

Durch das schmale **Karlstor** – es war Teil jenes zweiten Befestigungsrings, den Ludwig der Bayer um die zu klein gewordene Stadt Heinrichs

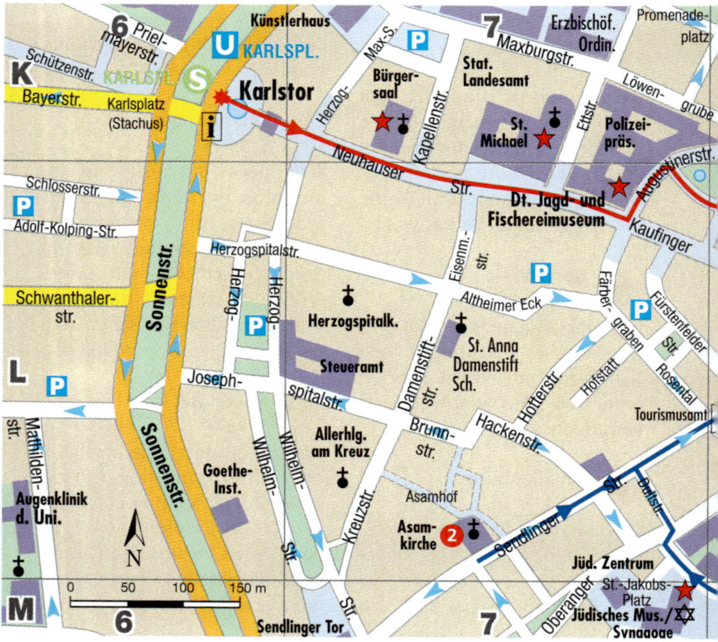

Der Karlsplatz wird im Münchner Volksmund vorwiegend Stachus genannt

des Löwen ziehen ließ – betritt man die **Neuhauser Straße**, die nahtlos in die **Kaufingerstraße** übergeht. Häufig wird diese Einkaufsmeile zwischen Karlstor und Marienplatz mit einer Mischung aus blankem Kommerz und ihrer vereinzelt nach dem Krieg rekonstruierten histo-

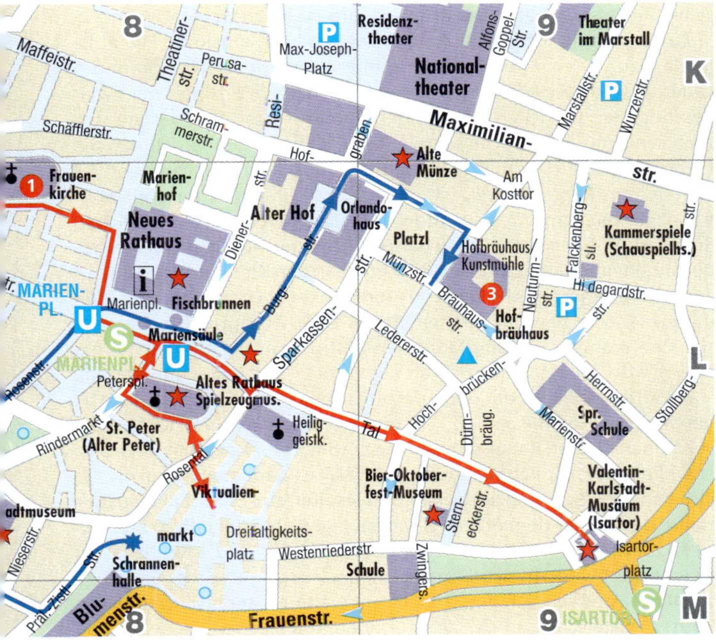

Gleich hinter dem Karlstor: das »Brunnenbuberl«

rischen Bausubstanz neben größtenteils einfallsloser 50er-Jahre-Architektur auch als »Münchens gute Stube« bezeichnet.

Der Volksmund nennt ihn **Brunnenbuberl**, den kleinen Brunnen gleich hinter dem Karlstor. Für seinen »Satyr und Knabe«, so der Originaltitel, erhielt sein Schöpfer Mathias Gasteiger zwar damals in Paris auf der Weltausstellung die Goldmedaille, bekam aber zu Hause mit seinem Werk jede Menge Ärger. Die prüden Münchner waren schockiert ob der schamlosen Blöße des Knaben und verordneten ihm das übliche Feigenblatt. Doch der Bildhauer konnte sich erfolgreich diesem Wunsch widersetzen.

Das Münchner Traditionskaufhaus **Oberpollinger** wurde in jüngerer Zeit einer tief greifenden Verjüngungskur unterzogen und hält den Vergleich mit Edeladressen in anderen europäischen Großstädten problemlos aus. In den lichten, großzügig gestalteten Etagen kann Einkaufen durchaus zu einem kostspieligen Genuss werden. Außergewöhnlich ist der Fassadenschmuck: Zwei der drei Giebel werden von alten Handelsschiffen (Koggen) bekrönt, auf dem dritten eilt der schlanke Gott Merkur seinem Ziel entgegen. Zu empfehlen ist in der warmen Jahreszeit der Besuch der großzügigen Dachterrasse auf dem Anbau an der Rückfront.

Von hier oben geht der Blick hinüber zum mächtigen **Justizpalast** ➡ K6 (gegenüber vom Stachus). Der schlossähnliche Komplex wurde nach Plänen von Friedrich von Thiersch zwischen 1891 und 1898 erbaut. Er gilt als einer der großartigsten Repräsentationsbauten der Gründerzeit. Es lohnt sich, wenigstens einen Blick in das pompöse Vestibül mit seinen hochherrschaftlichen Treppenaufgängen zu werfen.

Zu den erstaunlichsten Bauwerken der eher gesichtslosen Einkaufsmeile Neuhauser-/Kaufingerstraße mit ihren landesweit bekannten Läden preiswerter Mode zählt der **Bürgersaal** ➡ K7. Hinter der zweigeschossigen barocken, in rosa gehaltenen Fassade verbergen sich zwei sehr unterschiedliche sakrale Räume. Ebenerdig betritt man die niedrige Unterkirche mit dem Grab des 1987 selig gesprochenen Jesuitenpaters Rupert Mayer. Schon am 9. Juni 1931 erteilten die Nationalsozialisten dem wortgewaltigen und überaus beliebten Geistlichen Redeverbot. Da er sich auch in der Folgezeit hartnäckig weigerte, das Beichtgeheimnis preiszugeben, brachte man den Kleriker 1939 ins Konzentrationslager Oranienburg. Als Todkranker entlassen, starb er kurz darauf 1945 im oberbayerischen Kloster Ettal. Abrupter Szenenwechsel: Eine Etage höher empfängt den Besucher in der Oberkirche die traumhafte, jubelnde, lichte Welt des Barock, eher Ball- denn Betsaal.

Als »Triumphkirche der Gegenreformation« pries Herzog Wilhelm V., genannt der Fromme, im Juli 1597 die feierliche Weihe von **St. Michael** ➡ K7. In der ersten Renaissancekirche nördlich der Alpen mit ihren sich anschließenden Kolleggebäuden (heute Alte Akademie) zogen die für ihren analytischen Intellekt bekannten Jesuiten ein. Es liegt also auf der Hand, dass dieser dem Erzengel Michael geweihte Sakralbau bis heute als machtvolle Antwort auf die Bedrohung durch die Reformation interpretiert wird. Als sichtbares Zeichen seines ungebrochenen Selbstverständnisses ließ sich der Erbauer mit weiteren Repräsentanten des Hauses Wittelsbach an der dreistöckigen, imposanten Giebelfassade oberhalb des Erzengels Michael darstellen. Als technische Glanzleistung jener Zeit muss das über 20 Meter weit gespannte Tonnengewölbe des Kirchenraums gesehen werden.

Und wenige Meter weiter schon wieder eine Kirche! Nur ganz anders: In die drei Geschosse der ehemaligen Augustinerkirche St. Johann ist 1966 das **Deutsche Jagd- und Fischereimuseum** ➡ L7 eingezogen. Auch wenn man sich nicht unbedingt für derartige Exponate begeistern kann, besitzt ihre Präsentation an diesem Ort einen ganz besonderen Reiz. Wo sonst lassen sich jede Menge kapitaler Jagdtrophäen unter einem mit dezentem Stuck verzierten Kirchengewölbe betrachten?

Am Übergang von der Neuhauser zur Neuhauser-/Kaufingerstraße lässt sich anhand der leichten Krümmung der nach links abzweigenden Augustinerstraße der Verlauf der ersten Stadtmauer Heinrichs des Löwen erkennen.

Einen kurzen Stopp sollte man beim Herrenbekleidungsgeschäft »Hirmer« (Kaufingerstr. 28) einlegen. Zwischen den Schaufenstern weist eine Bronzetafel den aufmerksamen Spaziergänger darauf hin, dass im Straßenpflaster der Grundriss des dort abgebildeten »Schönen Turms« zu sehen ist. 1157 im Zuge der ersten Stadtmauer errichtet, fiel das marode Bollwerk dann 1457 der Spitzhacke zum Opfer. Der dringend erforderliche Neubau war nachweislich weitaus prächtiger. Man bemalte ihn mit farbenfrohen Fresken, die ihm in der Folgezeit zu seinen Beinamen verhalfen. Im Rahmen einer weiteren Stadterweiterung musste auch dieses Schmuckstück 1807 abgerissen werden.

Wer der Biegung der Augustinerstraße nur wenige Schritte folgt, steht unvermittelt vor der mächtigen Doppelturmfassade der ❶ **Frauenkirche** ➡ L8 mit ihren patinagrünen Welschen Hauben. Angeblich soll der Teufel beim Bau des dreischiffigen Backsteinbaus seine Hand im Spiel gehabt haben. Die Legende weiß zu berichten, dass der Baumeister Jörg Ganghofer, an der zügigen Fertigstellung des Auftrags interessiert, mit Luzifer einen Deal einging, der Folgendes beinhaltete: Der Baumeister verpflichtet sich dem Herren der Unterwelt gegenüber, die Kirche ohne sichtbare Fensteröffnungen hochzuziehen. Getrie-

Blick auf Frauenkirche und Neues Rathaus am Marienplatz

ben von der festen Überzeugung, dass niemand in ein stockfinsteres Gotteshaus zum Beten käme, schuftete der Teufel wie ein Besessener, musste dann aber zu seinem Entsetzen feststellen, dass seine Rechnung nicht aufgegangen war.

Außer sich vor Wut raste er zu Ganghofer und forderte dessen Seele. Völlig gelassen begleitete dieser den Rasenden in den Vorraum des Doms, denn weiter kam der Herrscher der Unterwelt nicht, weil die Kirche schon geweiht war. Ganghofer bewies dem Teufel, dass vom Eingangsbereich aus kein einziges Fenster zu sehen war. Völlig entnervt stampfte der Teufel so kraftvoll auf, dass noch heute sein Fußabdruck im Vorraum zu sehen ist.

Erklärend muss hinzugefügt werden, dass das architektonische Täuschungsmanöver heute nicht mehr der geschilderten Situation entspricht, da von dieser Stelle aus jetzt das Chorfenster zu sehen ist, das vor der Zerstörung des Doms im Zweiten Weltkrieg vom Hochaltar verdeckt wurde.

Die Monumentalität des heute eher karg möblierten Innenraums ist beeindruckend. Elf schlanke, achteckige Pfeilerpaare tragen das Sterngewölbe. Gerettet wurde das prunkvolle Grabmal – ein Kenotaph, das heißt ein leeres Scheingrab – für Kaiser Ludwig den Bayern, das ursprünglich an prominenter Stelle vor dem Hochaltar stand und jetzt in diese Ecke des südlichen Seitenschiffs verbannt wurde.

An einem der nicht so seltenen lichten Föhntage sollte man sich auf keinen Fall die Fahrt hinauf auf den Südturm des Doms entgehen lassen. Die Aussicht vom höchsten Bauwerk der Innenstadt auf die Alpenkette ist schlicht umwerfend.

Seit der Stadtgründung 1158 ist der **Marienplatz** ➡ L8 die urbane Mitte der Landeshauptstadt. Der Schrannenplatz, so seine Bezeichnung bis 1854, war Kreuzungspunkt wichtiger Handelsstraßen. Je nach den wechselnden Bedürfnissen der mittelalterlichen Stadt wurde er kurzfristig vom Markt- zum Richt- oder Turnierplatz, aber auch zu einem Open-Air-Tanzsaal bei einer Fürstenhochzeit umfunktioniert.

Heute wird der Platz von einem wirren Gemisch hässlicher Kaufhausfronten der Nachkriegszeit und den Rekonstruktionen historischer Gebäude wie dem Neuen und Alten Rathaus eingefasst. Welche Stadt hat schon zwei Rathäuser, die sich auch noch gegenüberstehen?

Mittelpunkt des Platzes ist die **Mariensäule**. 1638 stiftete sie Kur-

Mariensäule – Mittelpunkt des Marienplatzes

fürst Maximilian I. zum Dank dafür, dass die Stadt während des Dreißigjährigen Kriegs nicht von den Schweden besetzt worden war. Auf dem elf Meter hohen Monolith aus Untersberger Marmor schwebt ganz in Gold jung und grazil auf der Mondsichel die »Patrona Bavariae«. Es handelt sich um eine Arbeit von Hubert Gerhard, der sie um 1590 angefertigt haben soll. Ihr zu Füßen kämpfen vier Putti gegen Hunger, Krieg, Pest und Ketzerei.

Noch als Kronprinz ließ Ludwig I. 24 alte Bürgerhäuser für den Bau des **Neuen Rathauses** ➡ L8 im flandrischen Stil abreißen. Standbilder aller Herrscher aus dem Haus der Welfen und Wittelsbacher schmücken die fast 100 Meter lange Schaufront. Es handelt sich um den größten Herrscherzyklus an einem deutschen Rathaus.

Im Rosental: rechts die Heiliggeistkirche, links das Alte Rathaus

Die Attraktion und täglicher Touristenmagnet ist das Glockenspiel im Rathausturm: Von 1,40 Meter großen Figuren werden Szenen der Hochzeitsfeierlichkeiten Wilhelms V. mit Renata von Lothringen im Jahr 1568 dargestellt, unter anderem das Ritterturnier, das zu diesem Anlass auf eben diesem Platz stattgefunden haben soll. Als Zugabe gibt es noch den Schäfflertanz, der die Erinnerung an das Pestjahr 1517 wachhält.

Im **Fischbrunnen** an der Ecke zur Einmündung der Dienerstraße auf den Marienplatz wäscht der Bürgermeister seit 1426 alljährlich unter großer Publikumsbeteiligung am Aschermittwoch im eiskalten Wasser die Geldbörse der Stadt aus, damit sie für den Rest des Jahres laut Aberglaube gut gefüllt bleibt.

Das **Alte Rathaus**, noch aus der Zeit der Gotik, schließt den Platz nach Osten hin ab. In seinem Turm ist heute das **Spielzeugmuseum** untergebracht. Den ehemaligen Ratssaal nutzt die Stadt als festlichen Rahmen bei besonderen Anlässen. An der Rückseite des Alten Rathauses blickt der Stadtgründer, Heinrich der Löwe, auf das Tal – einst zogen über diese Straße die schweren Salzfuhrwerke durch das Torhaus nach München ein.

Weiter Richtung Isar endet diese mit etwas Grün bestückte, nicht sonderlich herausragende Einkaufsstraße mit ihren zahlreichen Billigläden am **Isartor**, einem der noch erhaltenen Bollwerke des zweiten Befestigungsrings. In einem der Türme lockt das witzige **Valentin-Karlstadt-Musäum** ➡ L8 mit seinem skurrilen, kleinen Café direkt unter der Spitze zu einer Pause.

Auf dem Weg zurück zum Marienplatz darf man an der **Heiliggeistkirche** schräg gegenüber der Rückfront des Alten Rathauses (Ecke Tal/Rosental) nicht vorübergehen, ohne wenigstens einen Blick in den lichten Innenraum zu werfen, dem die Brüder Asam ihre unvergleichliche Handschrift in Form einer üppigen Rokokoausstattung verpassten. Vom Marienplatz sind es nur wenige Schritte bis zur dreischiffigen Pfeilerbasilika **St. Peter** ➡ L8. Anhand von Grabungen konnte der eindeutige Beweis erbracht werden, dass dieser Sakralbau älter als die Stadt Heinrichs des Löwen ist.

*Maibaum auf dem Viktualien-
markt*

Ein Fitnessprogramm der besonderen Art bietet der steile hölzerne Treppenweg um die mächtigen Glocken herum hinauf zum luftigen, schmalen Aussichtsbalkon. Oben angekommen wird man auch hier mit einem grandiosen Blick auf das Dächergewirr des Altstadtkerns mit dem Viktualienmarkt belohnt.

Der Bummel über den **Viktualienmarkt** ➡ L8 versetzt gleichermaßen Augen und Nase in einen Rauschzustand. Schon morgens türmen in aller Früh die »Standlfrauen« ihre hochpreisige, knackfrische Ware zu optisch reizvollen Gebirgen auf. Der Einkauf, egal ob engagierter Hobbykoch, qualitätsbewusste Hausfrau oder Profi, artet hier immer zu einer Zeremonie aus. Es soll Genussmenschen geben, die trotz der speziellen Preise keinen Samstag verstreichen lassen, ohne sich hier fachkundigen Rat für das abendliche Menü nach einer zünftigen Brotzeit geholt zu haben. Wer lieber gucken als kaufen will, kann im Biergarten unter schattigen Kastanien oder in einem der zahlreichen Lokale gemütliche Stunden verbringen.

Derart gut erholt beginnt die Fortsetzung des Spaziergangs in Richtung **Schranne** ➡ L/M8 an der Blumenstrstraße. Der Entschluss, den Kornmarkt vom Marienplatz vor dem alten Rathaus in unmittelbare Nähe des Viktualienmarktes zu verlegen, stammt von König Maximilian II. Den Zuschlag erhielt der Ingenieur Karl Muffart für den Entwurf einer 430 Meter langen, von gusseisernen Säulen getragenen lichten Halle mit zwei Kopfbauten. Eröffnet wurde die Markthalle 1853 nach nur zwei Jahren Bauzeit, 1914 jedoch wegen einer verkehrsgünstiger gelegenen Großmarkthalle im Süden der Stadt wieder zur Hälfte abmontiert. An diese eingelagerten Reste erinnerte man sich im Rahmen des Wiederaufbaus nach dem Zweiten Weltkrieg – 2005 wurde die Einweihung der »neuen/alten« Schranne gefeiert. Doch bislang ist noch kein Konzept der unterschiedlichsten Betreiber aufgegangen.

Geblendet von Pracht und Formenreichtum: der zweistöckige Hochaltar der Asamkirche St. Johann Nepomuk

Auf dem **St.-Jakobs-Platz** ➡ M7 wurde am 9. November 2006 das **Jüdische Zentrum** mit seiner wuchtigen **Hauptsynagoge**, dem **Jüdischen Museum** sowie einem Gemeindehaus mit Rabbinat, Verwaltung, Versammlungsräumen, aber auch Kindergarten, Ganztagsschule, Jugend- und Kulturzentrum sowie einem Restaurant feierlich eröffnet.

Die nahe verkehrsberuhigte **Sendlinger Straße** ➡ L7 verführt mit ihren zahlreichen Geschäften zu einem Einkaufsbummel. Ihre kulturhistorische Sehenswürdigkeit von Weltrang ist St. Johann Nepomuk, genannt ❷ **Asamkirche**. Mit dem Bau der Privatkirche erfüllten sich die Starkünstler des Rokoko, die Brüder Egid Quirin und Cosmas Damian Asam, ihren Lebenstraum.

Neues Rathaus und Mariensäule

Vergleichbar einem übersinnlichen Rausch kann man vielleicht am ehesten das Gefühl beschreiben, das einen beim Betreten dieses »Theatrum sacrum« erfasst. Jegliche Erdhaftung scheint diesem grandiosen Raum abhanden gekommen zu sein. Geblendet von der Pracht und dem Formenreichtum wird sich bestimmt niemand der Mystik dieser einzigartigen Raumschöpfung entziehen können.

Richtung Marienplatz führt der Weg jetzt automatisch an der **Hofstatt** ➜ L7 (Sendlinger Str. 10) vorbei. Münchens jüngste Einkaufspassagen entstanden auf dem 15 500 Quadratmeter großen Areal hinter den unter Denkmalschutz stehenden ehemaligen Verlagsgebäuden der Süddeutschen Zeitung und der Abendzeitung. Zusätzlich zu den zahlreichen Geschäften entstanden auf dem prominenten Areal großzügige Räumlichkeiten für Wohnungen, Praxen und Kanzleien im gehobenen Preissegment.

Dieser Spaziergang kreuzt jetzt noch einmal den Marienplatz und verläuft dann durch die uralte Burgstraße direkt hinter dem Kaufhaus Beck Richtung **Alter Hof** ➜ L8. Bei dem etwas stilleren, mit Kopfsteinen gepflasterten Geviert handelt es sich um den Innenhof der ersten Residenz der Wittelsbacher an der ursprünglich äußersten Nordostecke der Stadt. Weil sich damals, Mitte des 13. Jahrhunderts, das Herrschergeschlecht noch nicht der unbedingten Zuneigung seiner Untertanen sicher sein konnte, wählte man mit Bedacht diesen Winkel, der die sichere Flucht durch den Hinterausgang aufs platte Land garantierte.

Und genau durch dieses rückwärtige Tor verläuft jetzt der Weg weiter an der **Alten Münze** ➜ K/L9 (Hofgraben 4) vorbei. Der kunstsinnige Herzog Albrecht V. ließ das heutige Amt für Denkmalpflege im 16. Jahrhundert als Marstall mit integrierter persönlicher Kunstkammer errichten. Der architektonisch bedeutendste Teil ist der durch das große Tor zugängliche, berühmte Renaissance-Arkadenhof.

Zum Pflichtprogramm eines jeden München-Besuchers gehört das ❸ **Hofbräuhaus** ➜ L9. Im »berühmtesten Wirtshaus der Welt« herrscht immer drangvolle Enge bei entsprechendem Lärmpegel. Zu den Klängen »In München steht ein Hofbräuhaus, oans, zwoa, gsuffa« findet bei Bier, Brezen und Weißwurst die tägliche internationale Verbrüderung statt.

Die königlich-bayerische Residenzstadt

Vormittag
Max-Joseph-Platz – Residenz – Maximilianstraße – Maximilianeum – Residenz- und Theatinerstraße – Odeonsplatz mit Feldherrnhalle und Theatinerkirche – Hofgarten – Ludwigstraße – Universität – Siegestor.

Nachmittag
Odeonsplatz – Wittelsbacherplatz – Karolinenplatz – Königsplatz (auf der ausfaltbaren Karte grün eingezeichnet).

Der **Max-Joseph-Platz** ➜ K8/9 prunkt mit Repräsentationsbauten wie dem zweiten innerstädtischen Stadtschloss der Wittelsbacher, der Residenz, den nebeneinandergelegenen Residenz- und Nationaltheater. Die Platzanlage erhält nicht zuletzt dadurch ihre Raumwirkung, dass die sie umgebenden Gebäudekomplexe kein homogenes, in sich geschlossenes Ensemble bilden.

Im Mittelpunkt der Platzanlage sitzt Max I. Joseph gemütlich auf seinem gusseisernen Thronsessel. Im Gegensatz zu den gängigen Herrscherporträts, die den Dargestellten als führungsstarke Persönlichkeit zeigen, grüßt dieser zu seinen Lebzeiten allseits beliebte Monarch lässig seine Untertanen. Auftraggeber dieser ersten Kolossalstatue ihrer Zeit war sein Sohn Ludwig I. Drei der bedeutendsten Künstler jener Epoche beauftragte der Monarch mit der Ausführung des Denkmals: Leo von Klenze lieferte den Entwurf, Christian Rauch baute das Modell und der noch junge Johann Stiglmaier bekam den Zuschlag für den Guss.

Das klassizistische **Nationaltheater**, Spielstätte der Bayerischen Staatsoper, ist das auffälligste Gebäude des Platzes. Besonders schön ist der Eindruck im Hochsommer an einem dieser späten, leuchtenden Nachmittage bzw. frühen Abenden, wenn die untergehende Sonne die beiden Doppelgiebel in goldenes Licht taucht und zahlreiche Menschen auf der tagsüber prima aufgewärmten Steinbank entlang der Residenz sitzen und einfach nur die spezielle Atmosphäre genießen.

Das Nationaltheater am Max-Joseph-Platz

Die lang gestreckte Südfassade der ❹ **Residenz** ➜ K9 ist eindeutig dem Palazzo Pitti in Florenz nachempfunden und geht auf den Italienfan Ludwig I. zurück. Direkt gegenüber steht das einstige **Palais Törring-Jettenbach** aus der Mitte des 18. Jahrhunderts, erbaut nach Plänen der Brüder Johann Baptist und Ignaz Anton Gunetzrhainer, das Ludwig I. von Klenze zum Hauptpostamt mit der im pompejanischen Rot gehaltenen Loggia umgestalten ließ.

Nach dem Verkauf des Gebäudes an Privatinvestoren wurden bis auf die denkmalgeschützten Fassaden der gesamte verschachtelte Innenausbau entkernt. An dieser prominenten Stelle in der Innenstadt entstand ein Gebäudekomplex mit den in München schon üblichen Edelgeschäften, Luxuswohnungen und Büros sowie einem Restaurant.

Zwischen dem Nationaltheater und der Residenz liegt etwas zurückversetzt das **Residenztheater** ➡ K9. Das »Resi«, wie die Münchner das Staatsschauspiel kurz nennen, ist eine Schöpfung der Nachkriegszeit. Ursprünglich stand an dieser Stelle das allein dem Hof zugängliche **Cuvilliés-Theater**. Im Rahmen des Wiederaufbaus der Residenz nach dem Zweiten

Im Thronsaal der Münchner Residenz

Weltkrieg wurde es in den Schloss-Komplex integriert. Frisch renoviert zur 850-Jahr-Feier der Stadt ist das Rokokotheater nicht nur der älteste Musentempel der Stadt, sondern auch einer jener einzigartigen und geschützten Architekturschätze der Welt.

Als reizvollen Kontrast zu den Repräsentationsbauten an drei Seiten wird der Max-Joseph-Platz zur Residenzstraße hin von einer Zeile rekonstruierter, aufgehübschter Bürgerhäuser eingefasst. Im Erdgeschoss »residieren« heute Edelboutiquen. Auch in den sich anschließenden, durchgestylten Innenhöfen lässt sich nur mit viel Fantasie mittelalterliches Treiben erahnen.

Nachdem König Max II. zu Beginn seiner Regentschaft zahlreiche unfertige Bauprojekte und einen Haufen Schulden seines nicht freiwillig aus dem Amt geschiedenen Vaters Ludwig I. zu bewältigen hatte, ist die nach ihm benannte **Maximilianstraße** ➡ K8–L10 sein ureigenstes Projekt. Kunsthistoriker vermuten sogar, dass er mit ihrem Bau bewusst in Konkurrenz zu seinem Vorgänger trat: Die Ludwigstraße sollte an Pracht übertroffen werden. Mögen sich die Fachleute über den kunsthistorischen Stellenwert dieses von Friedrich Bürklein zwischen 1856 und 1884 im sogenannten Maximilianstil angelegten Straßenzugs streiten, zweifelsfrei ist er heute mit seinen Niederlassungen international bekannter Mode- und Schmucklabel die Edelmeile der Stadt schlechthin.

Zwischen all den Luxusgeschäften und dem Nobelhotel »Vier Jahreszeiten Kempinski« liegen gegenüber ziemlich unauffällig die **Kammerspiele** ➡ L9, das einzige noch im Original erhaltene Jugendstiltheater Deutschlands.

Weit über den Altstadtring hinaus, vorbei an den Gebäuden der Regierung von Oberbayern und dem **Staatlichen Museum für Völkerkunde** ➡ L10, zieht sich der Boulevard bis zum **Max-II-Platz** mit dem pompösen Denkmal des Erbauers der Prachtstraße und findet seinen krönenden Abschluss im **Maximilianeum** ➡ L11 am Hochufer der Isar.

Nach dem Vorbild des Konstantinbogens in Rom konzipiert: das Siegestor

In diesem schlossähnlichen Bau hält der bayerische Landtag seine Sitzungen ab. Außerdem ist dort das Elitegymnasium für Hochbegabte aus ganz Bayern untergebracht.

Wer keine Lust hat, die Maximilianstraße wieder zurückzulaufen, kann die Tram bis zum Max-Joseph-Platz nehmen.

Die **Residenzstraße** und die parallel verlaufende **Theatinerstraße** ➡ K/L8 mit ihrem schicken Shoppingcenter **Fünf Höfe** stehen für Eleganz und Lifestyle. Auf der Residenzstraße passiert man die beiden Hauptportale der Residenz mit ihren Löwen. Im Vorbeigehen berühren viele Münchner die blanken Schnauzen der Tiere am unteren Rand der Schilde, die jene in Bronze gegossenen bayerischen Wappentiere in ihren Pranken halten. Der Abergläubische hofft auf die Erfüllung seines fast tonlos gemurmelten Wunsches.

Es ist Ludwig I., der München in eine Kunststadt von europäischem Rang verwandelt, woraufhin ihr das Etikett »Isar-Athen« verpasst wird. Der Monarch handelt getreu seinem Motto: »Ich werde aus München eine Stadt machen, die jeder kennen muss, der Deutschland kennen will.« Schon als Kronprinz nimmt er regelmäßig an den Sitzungen zur fälligen Stadterweiterung teil und ringt seinem Vater Max I. Joseph die Einwilligung für den Bau der nach ihm benannten **Ludwigstraße** bis hin zum Dorf Schwabing ab. Bedingt durch die klamme Staatskasse muss er das Projekt vorerst sowieso aus seiner Privatschatulle finanzieren.

Die Feldherrnhalle

Am 5. Mai 1817 wird dem aus Niedersachsen stammenden Leo von Klenze aufgrund eines königlichen Erlasses der Auftrag zugesprochen. Kaum ist Ludwig I. zum König proklamiert, muss unverzüglich der bayerische Staat und somit der Steuerzahler für die Baukosten aufkommen. Mit der Errichtung des Kriegsministeriums leistet Klenze 1827 dann seinen letzten Beitrag zu dieser Prachtstraße.

Sein Nachfolger, Friedrich von Gärtner, übernimmt ab der Höhe Theresienstraße die weitere Gestaltung des Straßenzugs in Richtung Norden. Nach seinen Entwürfen werden die **Bayerische Staatsbibliothek** ➜ H9, die **Ludwigskirche** und die **Ludwig-Maximilians-Universität** gebaut. Friedrich von Gärtner markiert jeweils mit einem monumentalen Bauwerk den Beginn und das Ende dieser Prachtstraße. Für den nördlichsten Punkt der Ludwigstraße konzipiert er im Auftrag Ludwigs I. das **Siegestor** ➜ G9 nach dem Vorbild des Konstantinsbogens in Rom. An den Wänden sind noch immer überdeutlich die Spuren der Zerstörungen während des Zweiten Weltkriegs zu erkennen. »Dem Sieg geweiht, vom Krieg zerstört, zum Frieden mahnend« lautet die Inschrift unterhalb der in Richtung Norden, gen Preußen, fahrenden Quadriga.

Zu Fuß oder per U-Bahn (Linie 3/6) geht es zurück zum **Odeonsplatz** ➜ J8. Am südlichsten Punkt der Prachtstraße setzt Gärtner, inspiriert von der florentinischen Loggia dei Lanzi, die **Feldherrnhalle** ➜ K8. Anstelle antiker Gottheiten sind es in diesem Fall die beiden bayerischen Feldherren Tilly und Wrede, die mit dem Ehrentempel geehrt werden. An der Rückwand des Hallenbaus steht das Denkmal für die bayerische Armee. Mit Hitlers »Marsch zur Feldherrnhalle« am 9. November 1923 erhält der Bau viel später seine tragische Bedeutung.

Blickfang am Odeonsplatz ist die in einem Ockergelb erstrahlende Barockfassade der **Theatinerkirche St. Kajetan**. Als nach zehn kinderlosen Ehejahren Henriette Adelaide von Savoyen endlich schwanger wird, erwirbt die Kurfürstin gegenüber der Residenz eine Reihe von Bürgerhäusern, um gemäß ihrem Gelübde dort eine Kirche bauen zu lassen. Als der Erbprinz Max Emanuel 1662 das Licht der Welt erblickt, dankt sein Vater, Kurfürst Ferdinand Maria, Gott mit dem Bau dieser Kirche und seiner Frau mit Schloss Nymphenburg.

Den ✿ **Hofgarten** ➜ J/K9 lässt Maximilian I. als nördliche Begrenzung der Residenz im Stil der Renaissance anlegen. Man betritt ihn

Kolossal: die sienagelbe Fassade der Theatinerkirche

Klassizistisch: die Glyptothek am Königsplatz

durch Klenzes **Hofgartentor**. Diese charmante Oase der relativen Ruhe im Innenstadtbereich wird von einem Arkadengang und dem immer noch gewöhnungsbedürftigen Monumentalbau der **Bayerischen Staatskanzlei** ➡ K9 mit ihrer imposanten Kuppel eingefasst. Mittelpunkt der Parkanlage ist der grazile, zwölfeckige Diana-Tempel. Der Hofgarten ist keine museale Sehenswürdigkeit, sondern ein äußerst lebendiges Stück München. Schon beim ersten warmen Sonnenstrahl sind die Plätze auf den gemütlichen Bänken heiß begehrt, vor den Arkaden wird Boule gespielt und in warmen Sommernächten wird manchmal abends argentinischer Tango im Diana-Tempel getanzt.

Zu Beginn des 19. Jahrhunderts wurde als sogenannte Königsauffahrt von der Residenz im Innenstadtbereich zum Sommerschloss der Wittelsbacher, damals weit draußen vor den Toren der Stadt gelegen, die **Brienner bzw. Nymphenburger Straße** ➡ H3–J8 angelegt. Unterbrochen von bedeutenden Platzanlagen zieht sie sich nach dem Königsplatz über einen Kilometer bis weit hinter den Rotkreuzplatz. Stammten die ersten Entwürfe zu diesem Straßenzug noch von Karl von Fischer, übernahm Leo von Klenze seine Fertigstellung.

Der vornehm zurückhaltende **Wittelsbacherplatz** ➡ J8 kann als Entree der königlichen Auffahrt gesehen werden. Lange bevor die ihn umgebenden Palais im Stil der italienischen Renaissance zu repräsentativen Verwaltungsgebäuden von Ministerien und Firmen (Siemens) umfunktioniert werden, sind sie im Besitz des vermögenden Hochadels. Mittelpunkt des Platzes ist das Standbild Maximilians I. In der Pose des siegreichen Feldherrn reitet der erste bayerische Kurfürst seiner Armee in einer der Schlachten des Dreißigjährigen Krieges voran. Das Denkmal wird vom bedeutendsten Bildhauer seiner Zeit, dem Dänen Bertel Thorvaldsen, geschaffen und gilt als eines der herausragenden Werke des Klassizismus deutscher Prägung.

Von den ursprünglichen Entwürfen eines Karl von Fischer ist nach der rudimentären Rekonstruktion des im Krieg zerstörten **Karolinenplatzes** ➡ J7 kaum noch etwas zu erkennen. Originalgetreu ist lediglich die leicht ansteigende Platzmitte wiederhergestellt worden. Der Obelisk als Blickfang erinnert an die 30 000 bayerischen Soldaten, die als Teil der Grande Armée im Russlandfeldzug Napoleons ihr Leben verloren. Der Obelisk wurde 1835 aufgestellt. Die 29 Meter hohe Konstruktion besteht im Innern aus einem mit einer bronzenen Hülle ummantelten Kern aus Ziegeln. Das Metall dazu stammt von eroberten und später eingeschmolzenen französischen, russischen und österreichischen Kanonen.

Noch als Kronprinz vergibt der spätere Ludwig I. mit dem **Königsplatz** → J6 seinen ersten Großauftrag. Mit dieser Anlage verleiht er seiner Verehrung für das klassische Griechenland nachhaltigen Ausdruck. Nach einigem Hin und Her wird letztendlich der Niedersachse Leo von Klenze mit der Ausführung des Projektes beauftragt. 1816 kann der Grundstein für die **Glyptothek** gelegt werden. In ihren Räumen wird Ludwigs Sammlung antiker griechischer Bildwerke gezeigt, darunter die kostbaren Giebelfiguren von der Inse Ägina, die – erst 1811 ausgegraben – vom Thronfolger umgehend gekauft wurden. Den Museumsbau mit seiner von acht ionischen Säulen getragenen Giebelfront bezeichneten die Münchner damals abfällig als »närrisches Kronprinzenhäuserl«. Dokumentiert ist, dass Ludwig, inspiriert durch seine zahlreichen Italienreisen, im Schein von Fackeln in den Räumlichkeiten zu prächtigen Empfängen einlud. Inmitten der Kunstwerke ließ er sich als kunstsinniger, aber auch eitler Mäzen feiern.

Exponat der Glyptothek: Kopf der Athena vom Westgiebel des Aphaiatempels von der Insel Ägina (um 490 v. Chr.)

Erst 1838, inzwischen hat Ludwig den Thron bestiegen, wird mit dem Bau des korinthischen Gegenstücks, der **Staatlichen Antikensammlung** → J6, an der Südseite des Platzes begonnen. Statt des inzwischen in Ungnade gefallenen Leo von Klenze wird nun Georg Friedrich Ziebland mit der Konzeption des spätklassizistischen Gebäudes inkusive seiner steilen Freitreppe beauftragt.

Als »Torbau von erhabener Zwecklosigkeit« sah man die **Propyläen** lange Zeit. Mit diesem klassizistischen Bauwerk, das sowohl griechische als auch ägyptische Stilelemente aufweist, wurde der bayerischen Armee, dem griechischen Freiheitskampf und dem Wittelsbacher König Otto von Griechenland, Ludwigs Sohn, ein Denkmal gesetzt.

Gegenüber den Propyläen entwarf Gabriel von Seidl für den Malerfürsten und damaligen Kunstpapst Franz von Lenbach 1887 die ockergelbe Villa im Stil der italienischen Renaissance. Lenbach residierte hier bis 1904 und porträtierte die Prominenz seiner Zeit wie Kaiser Wilhelm I., Bismarck, Ludwig II. oder Richard Wagner. Heute locken die Werke der Künstlergruppe »Der Blaue Reiter« und Arbeiten von Joseph Beuys Besucher aus der ganzen Welt in die **Städtische Galerie im Lenbachhaus** → H6. Dazu gehört der **Kunstbau** mit seinen spannenden Sonderausstellungen im U-Bahn-Zwischengeschoss. ▣

Die ockergelbe Villa des Malerfürsten Franz von Lenbach beherbergt heute die Städtische Galerie im Lenbachhaus

Schwabing, Maxvorstadt

Schwabing beginnt nördlich des Siegestors und lebt zu einem nicht unerheblichen Teil noch immer von seinem doch ziemlich verblassten Ruhm. Den Grundstein zum legendären Mythos dieses Stadtteils legten zu Beginn des 20. Jahrhunderts heute berühmte bildende Künstler, Literaten und Musiker. Wer sich auf die Spuren der Vergangenheit begeben will, sollte die verkehrsreiche Leopoldstraße verlassen und beiderseits des breiten Boulevards durch die stilleren Nebenstraßen laufen, denn nur dort lassen sich neben den spärlichen Spuren der dörflichen Vergangenheit dieses Stadtteils prächtige mehrstöckige Jugendstilfassaden entdecken. Wer auf Shopping Wert legt, dem seien die Hohenzollern-, aber auch die Türken-, Schelling- und Amalienstraße ➜ G/H8 hinter der Uni mit ihren zahlreichen ausgefallenen Läden sowie jeder Menge Cafés und Restaurants empfohlen.

Durch die Feilitzschstraße geht es zum **Wedekindplatz** ➜ E10, dem ehemaligen Zentrum Alt-Schwabings. Benannt wurde der Platz nach Frank Wedekind, dem Schriftsteller und Mitbegründer der Satirezeitschrift »Simplicissimus«. Im **Werneckschlössl** (Werneckstr. 24) mit seiner barocken Gartenanlage hatte kurzzeitig Paul Klee ein Atelier gemietet. 1919 versteckte sich hier der sozialrevolutionäre Schriftsteller Ernst Toller vor seinen Verfolgern und heute dient der charmante Bau Kardinal Reinhard Marx als Residenz. Ein Relikt dörflicher Vergangenheit ist der **Viereckhof** ➜ E11 (Ecke Feilitzsch-/Gunezrainerstr.). Das kleine Palais mit dem auffallenden Säulenportal (Mandlstr. 14) direkt am Englischen Garten ist mit Abstand das stilvollste Standesamt der Stadt. Am Nikolaiplatz steht die großbürgerliche **Seidelvilla** ➜ E/F10 (www.seidelvilla. de). Ihr vielseitiges Kulturprogramm lockt die Besucher mit interessanten Angeboten.

Westlich der Leopoldstraße verstecken sich noch einige hinreißende Jugendstilfassaden, die vor dem Krieg so typisch für Schwabing waren. Ein ganz besonders prächtiges Beispiel ist das in seiner Originalfarbgebung restaurierte **Jugendstil-Wohnhaus** ➜ E8/9 in der Ainmillerstraße 14. Aber auch auf die Fassaden der Häuser Nr. 33 bis 35 und 37 in der Ainmillerstraße sowie des Eckhauses an der Franz-Joseph-Straße 38 sollte man einen Blick werfen.

Mit seinen Verkaufsständen und dem kleinen Biergarten bietet sich der **Elisabethmarkt** ➜ F8 für eine Pause an. Ein weiteres Jugendstilhaus

Jugendstilfassaden in Schwabing: in der Franz-Joseph-Straße 19 und der Ainmillerstraße 22

Gleich vor dem Siegestor in Schwabing: der »Walking Man« von Jonathan Borofsky

ist in der nahen Isabellastraße 22 zu entdecken. Und wer das unter Denkmalschutz stehende Ensemble entlang der **Kaiserstraße** ➡ F9 zwischen der Kirche St. Ursula und der Leopoldstraße auslässt, hat selbst Schuld!

Gleich vor dem Siegestor schreitet der riesige **Walking Man** ➡ G9 des US-amerikanischen Künstlers Jonathan Borofsky Richtung Stadtzentrum. Jenseits des Siegestors geht Schwabing in die Maxvorstadt über. Das lebendige Viertel hinter der Universität verführt mit seinem Kunstareal und den vielen Cafés, Kneipen, Boutiquen, Antiquariaten und Buchhandlungen zu einem ausgiebigen Bummel.

Vieles, was den Mythos Schwabing ausmacht, ereignete sich genau hier. Echte und eingebildete Genies trafen sich bevorzugt im **Café Stephanie** ➡ G9 (Amalienstr. 25), das später als Café Größenwahn in die Annalen einging. Es war Treffpunkt der Künstlergruppe »Der Blaue Reiter«. Paul Klee lebte und arbeitete eine Zeitlang in der Amalienstraße im Haus Nr. 45, Robert Walser im Haus mit der Nr. 48 und Henrik Ibsen nacheinander in den Häusern Nr. 53 und 97. Viel später zählten der Kabarettist Gerhard Polt (Amalienstr. Nr. 79) und der Regisseur Rainer Werner Fassbinder (Nr. 87) kurzzeitig zu ihren Bewohnern.

Entlang der Schelling-, Amalien- und Türkenstraße brummt das Leben vor allem während des Semesters. Der palastähnliche Gründerzeitbau der nahen **Akademie der Bildenden Künste** ➡ G9 (Akademiestr. 2) prunkt mit seinem gläsernen Erweiterungsbau des bekannten, ursprünglich Wiener Architekturbüros Coop Himmelb(l)au (Berlin).

Zu einer kleiner melancholischen Idylle hat sich der **Alte Nördliche Friedhof** ➡ G7 entwickelt, auf dem seit 1939 niemand mehr bestattet wird. Nicht nur Spaziergänger lieben den uralten Baumbestand. Unter den mächtigen Baumkronen trifft sich so mancher Schwabinger mit Freunden.

In den Ausstellungsräumen der Pinakothek der Moderne

Rund 52 000 Studenten sind an der **Ludwig-Maximilians-Universität** ➡ G/H9 eingeschrieben, die 2006 mit dem Prädikat »Elite-Uni« ausgezeichnet wurde. Vor dem Haupteingang am Geschwister-Scholl-Platz erinnern die ins Pflaster eingelassenen Flugblätter an den Widerstand der beiden Studenten Sophie und Hans Scholl gegen den Nationalsozialismus. Sie hatten die Flugblätter von der Galerie in den Lichthof geworfen. Die kleine **DenkStätte Weiße Rose** ➡ G9 dokumentiert das Schicksal der Widerstandsgruppe um die Geschwister und Professor Kurt Huber.

Jenseits des Haupteingangs der Uni fällt der Blick fast automatisch auf die spitzen Doppeltürme der klassizistischen **Ludwigskirche** ➡ H9 und die sich anschließende Fassade der Bayerischen Staatsbibliothek. Nach Süden verläuft die gedachte Grenze der Maxvorstadt zum Zentrum hin auf der Höhe des beeindruckenden klassizistischen **Königsplatzes** ➡ H/J6 mit den Museen Glyptothek und Staatliche Antikensammlung. Auf dem Weg dorthin erreicht man mit der Tram am unteren Ende der Barerstraße das sogenannte Kunstareal mit den weltbekannten Sammlungen seiner drei ❺ **Pinakotheken** ➡ H7 und dem **Museum Brandhorst** ➡ H7/8. Hinzukommt der langgestreckte Neubau, der im Obergeschoss die **Hochschule für Fernsehen und Film** und im Untergeschoss ist im Frühjahr 2013 das **Staatliche Museum für Ägyptische Kunst** ➡ H/J7 mit seiner imposanten Sammlung eingezogen.

Haidhausen

Das ehemalige sogenannte Franzosenviertel oberhalb der Isar mit seinen geduckten Häuschen, aber auch hochherrschaftlicher Bausubstanz – zu erkennen an den renovierten Gründerzeitfassaden rund um den Pariser und den Bordeauxplatz – zählt heute mit seinen zahlreichen stilleren Winkeln zu den begehrten, hochpreisigen innerstädtischen Wohnadressen. Ursprünglich siedelten sich am rechten Isarufer Tagelöhner und Handwerker an, denen die Bürgerrechte und somit das Wohnrecht in der Innenstadt verwehrt waren. Zwischen Maximilianeum, Gasteig und Ostbahnhof boomt seit Jahren eine lebendige Kulturszene, gibt es viele originelle Läden und hippe Szenelokale.

Der **Wiener Platz** ➡ M11 mit seinen kleinen, festen Marktbuden ist der Marktplatz des Viertels und so etwas wie ein Miniableger des Viktualienmarktes. Und der **Hofbräukeller** gleich daneben ist zu jeder Jahreszeit eine der Wallfahrtsstätten bayerischer Gemütlichkeit. Vorbei an der neugotischen Kirche St. Johann Baptist am Johannisplatz erreicht man an der Preysingstr. 58 das **Üblacker-Häusl** ➡ M12. Dieser geduckte Erdgeschossbau zählt wie schon die Tagelöhnerhäuschen am Wiener Platz 4–6 und An der Kreppe 2A–D zu jenen Herbergen, die im 18. Jahrhundert typisch für das einst so arme Viertel waren. Im Üblacker-Häusl ist noch eine dieser winzigen Tagelöhnerwohnungen zu besichtigen. Gegenüber steht der

Jugendstiljuwel und Wellnesspalast an der Isar: das Müller'sche Volksbad

rund 300 Jahre alte **Kriechbaumhof** (Preysingstr. 71). In dem gekonnt restaurierten Gebäude lebten ursprünglich in bitterer Armut mehrere Handwerkerfamilien, die ihre Wohnungen über Außentreppen erreichten.

Ganz anders ist die Atmosphäre am geräumigen ovalen Bordeauxplatz. Stattliche mehrstöckige Mietshäuser aus der Gründerzeit sorgen hier für eine gewisse vornehme Distanziertheit. Wesentlich lebendiger geht es in den Straßen rund um den **Pariser- und Weißenburger Platz** ➡ N11 zu. Und entlang Sedan-, Milch- und Steinstraße lassen sich jede Menge Boutiquen sowie Cafés und Restaurants entdecken.

Im immer noch gewöhnungsbedürftigen, alles beherrschenden Backsteinbau **Kulturzentrum am Gasteig** ➡ M11 am Ende der Rosenheimer Straße ist noch die berühmte Bayerische Philharmonie zu Hause. Den Streit über den geplanten Neubau eines Konzertsaals beschäftigt inzwischen die internationale Musikszene.

Beschließen könnte man den Spaziergang mit einem Besuch des **Müller'schen Volksbads** ➡ M10, einem einzigartigen Jugendstiljuwel.

Der rund 300 Jahre alte Kriechbaumhof in Haidhausen

Gärtnerplatz- und Glockenbachviertel

Es waren in den 1980er Jahren die Künstler, die als erste den herunter-gekommenen Charme dieses Altstadtviertels entdeckten. Ihnen folgten, wie so häufig, Architekten, Designer und jede Menge Gastwirte. Seit damals gehört das **Glockenbachviertel** ➡ N/M6–8, auch Isarvorstadt genannt, mit seinen ausgeflippten Designerläden und der vielfältigen Gastro-Szene zu den begehrten und damit teuren innerstädtischen Wohnadressen. Die lässig-sympathische Stimmung des Viertels war in der jüngeren Vergangenheit zu einem nicht unerheblichen Teil von seiner Schwulen- und Lesbenszene bestimmt. Sich immer neu erfinden, gehörte zur Identität des Quartiers. Schleichend lassen sich nun mit Unbehagen die verstärkten Abwanderungstendenzen alteingesessener Bewohner des Stadtteils beobachten. Als Grund werden ständig steigende Mieten und eine noch immer wachsende Kneipendichte mit entsprechendem Lärmpegel genannt.

Die Initiative zum Bau dieses planmäßig angelegten Viertels mit sei-nen überwiegend spätklassizistischen Gebäudefronten ging von Lud-wig I. aus. Die Straße, die dem Viertel ihren Namen gab, die ehemalige Glockenstraße (heute Pestalozzistraße), verdankt diesen der damals dort ansässigen Glockengießerei. Mittelpunkt des Viertels ist der 1866 geschaffene **Gärtnerplatz** ➡ M8, ein städtebauliches Schmuckstück. Seit der vorzüglichen Restaurierung hat sich das unter Denkmalschutz ste-hende Areal rund um das Blumenrondell mit den vielen Lokalen und Boutiquen wieder zu einem lebendigen, charmanten innerstädtischen Platz entwickelt.

Hinter der spätklassizistischen Fassade des **Gärtnerplatztheaters** ver-birgt sich der Zuschauerraum, überwölbt von einer zeltähnlichen Decke. In seiner vornehmen Zurückhaltung stellt der Bau ein auf bürgerliche Dimensionen reduziertes »Hoftheater« dar.

Auf der **Klenzestraße** ➡ N/M7/8 locken die reizvollen Auslagen zahl-reicher Einzelhandelsgeschäfte und jede Menge kleiner Lokale, bevor man jenseits der Fraunhoferstraße das eigentliche Glockenbachviertel mit ebenso vielen witzigen Boutiquen und engagiert geführten Restau-rants erreicht. Kaum jemand wird den vielfältigen Verführungen des üppigen Angebots widerstehen können. Als kleines architektonisches Juwel gelten die unter Denkmalschutz stehenden, prächtigen Gründer-zeitfassaden an der **Hans-Sachs-Straße** ➡ N7.

Wie aus der Zeit gefallen liegt nahe dem baumbestandenen, fast dörflichen Westermühlbach, einem der wenigen alten Münchner Was-serwege, der **Alte Südliche Friedhof** ➡ N6. Er ist ein zu Stein gewordenes Prominentenverzeichnis des 19. Jahrhunderts: Berühmtheiten wie Leo von Klenze, Franz von Kobell und Carl Spitzweg haben hier ihre letzte Ruhe gefunden.

Westend

Dem traditionsreichen Stadtteil im Rücken der mächtigen Bavaria oberhalb der Theresienwiese haftete über Jahrzehnte das Etikett der Schmuddelecke an. Die Schwanthalerhöhe, besser bekannt unter West-end, wurde nach dem Bildhauer Ludwig Michael von Schwanthaler benannt. Der achte Münchner Stadtbezirk besitzt im Gegensatz zu den anderen beschriebenen Vierteln keinen historisch gewachsenen Mittelpunkt. Um 1820 entstanden damals weit draußen vor der Residenzstadt die ersten armseligen Behausungen der Arbeiter, die zu Beginn des Industriezeitalters ihren Lebensunterhalt bei der Bahn verdienten. Die erste Eisenbahnlinie wurde im August 1839 zwischen Augsburg und München in Betrieb genommen. In der Folgezeit siedelten sich dann südlich der Bahngleise kleine und mittelgroße Industrieunternehmen an.

Kettenkarussell auf dem Münchner Oktoberfest

Die tief greifende Umstrukturierung eines der letzten »Glasscherbenviertels« Münchens begann mit der Verlagerung der alten Messe von der Theresienhöhe auf das Areal des ehemaligen Flughafens Riem. Bis auf die unter Denkmalschutz stehenden Messehallen aus dem 19. Jahrhundert – darin ist jetzt das **Verkehrszentrum des Deutschen Museums** ➜ M3 untergebracht – wurde alles abgerissen, das Terrain der Theresienhöhe in das Trendviertel »Theresia« umbenannt und zu einem Wohnquartier mit edlen Büros und Penthousewohnungen umfunktioniert. Nachdem Immobilienhaie ihr gieriges Auge auf die eher sparsam geschmückten Gründerzeitfassaden in der unmittelbaren Nachbarschaft geworfen haben, fürchtet so manch alteingesessener Mieter den Verlust seiner momentan noch bezahlbaren Wohnung.

Zum Vorteil gereicht dem Westend, dass seine Umstrukturierung bislang eher träge vonstatten geht. Noch herrscht ein friedliches Nebeneinander in diesem lässig-lebendigen Viertel. Noch gibt es neben der schlichten bayerischen Eckkneipe den türkischen Imbiss plus Gemüseladen und die griechische Taverne. Dazwischen werden zwar schon die ersten etwas teureren Speiselokale und angesagte Trend-Cafés gesichtet, aber noch existiert der simple Stehausschank mit der Dartscheibe als Nachbarschaftstreffpunkt. Dem ganz speziellen Flair dieses Stadtteils lässt sich am besten in der Gollier-, Ligsalz-, Heimeran- und Kazmairstraße ➜ L/M3 mit ihren zahlreichen Winziglädchen nachspüren.

Oktoberfest

Alljährlich findet zwei Wochen lang – von Ende September bis Anfang Oktober – das Oktoberfest, *d'Wiesn*, auf der Theresienwiese statt. Das weltgrößte Volksfest geht auf eine Stiftung Ludwigs I. anlässlich seiner Hochzeit mit der Prinzessin Therese von Sachsen-Hildburghausen am 12. Oktober 1810 zurück. Damals fand vor den Toren der Stadt zur Belustigung des Volkes ein Pferderennen statt, aus dem sich im Lauf der Jahre das bekannteste und größte Volksfest der Welt entwickelte, zu dem heute alljährlich Millionen Touristen aus aller Herren Länder anreisen. Von morgens 11 bis abends 23 Uhr findet eine faszinierende Demonstration des totalen Konsums, des totalen Vergnügens und des totalen Rausches statt, stets angefeuert durch den Refrain »oans, zwoa, gsuffa«.

Mehrmals im Jahr wird es lebendig auf der großen **Theresienwiese** ➡ M/N3/4: Mit dem Frühlingsfest und dem riesigen Trödelmarkt wird die Saison eröffnet. Ende September lockt zwei Wochen lang das Oktoberfest sein Millionenpublikum an, und in der Adventszeit hat sich das stimmungsvolle Tollwood-Winterfestival als Weihnachtsmarkt der besonderen Art zu einem Magneten entwickelt.

Ein steiler Treppenweg führt hinauf zur mächtigen **Bavaria** ➡ M/N3. Von Juni bis August 1850 wurde der »Koloss von München« in Einzelteilen auf eigens konstruierten, von je 20 Pferden gezogenen Wagen zur Theresienwiese geschafft. An einem klaren Tag gehört der Blick aus ihren Augen über die Stadt zum touristischen Pflichtprogramm. Im Inneren der 18 Meter hohen, mächtigen Schutzgöttin schrauben sich zwei enge Wendeltreppen mit je 126 Stufen durch den noch engeren Hals hinauf in den Kopf. Im Rücken der germanisch-bajuwarischen Riesin im zottigen Bärenfellgewand stehen in der klassizistischen **Ruhmeshalle** die Porträtbüsten bedeutender bayerischer Persönlichkeiten.

Durch den kleinen, idyllischen **Bavariapark** mit seinen Sandsteinfiguren bietet sich ein Kurzspaziergang hinüber zum Verkehrsmuseum an. Der Park ist die grüne Oase des bereits erwähnten Neubauviertels auf dem ehemaligen Messegelände. Mit dem **Wohnturm Park Plaza** am Hans-Dürrmeier-Weg hat der Architekt Otto Steidles dem Quartier einen markanten, farblich unübersehbaren Kontrapunkt verpasst.

Neuhausen, Gern, Nymphenburg

Die Nymphenburger Straße stellte einst als »Königsauffahrt«, die der Bürger nicht benutzen durfte, die Verbindung zwischen der Residenz in der Innenstadt und dem Sommersitz der Wittelsbacher weit draußen vor den Toren der Stadt dar. **Neuhausen, Gern** ➡ cA–cD6–9 und **Nymphenburg** ➡ bA–bE1–5 sind drei eng verzahnte Viertel mit viel Grün und reichlich gepflegter Bausubstanz an oft schmalen und etwas verwinkelten Straßenzügen. Dabei ist Neuhausen ein wenig quirliger als seine stilleren und vornehmeren Trabanten Gern und Nymphenburg.

Der **Rotkreuzplatz** ➡ cD9 ist der geschäftige Mittelpunkt des Stadtteils Neuhausen. Nicht ganz zu Unrecht wird er aufgrund seiner zahl-

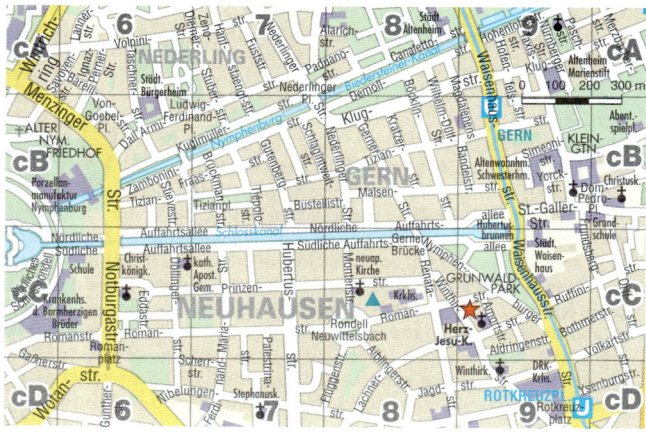

Jugendstil im Viertel

Zum Glück fielen nicht alle Architekturjuwele der Gründerzeit den Bombenangriffen im Zweiten Weltkrieg zum Opfer. Spaziergänge lohnen sich zu folgenden Adressen: Romanstr. 5, Nibelungenstr. 48, das Eckhaus in der Aiblinger Str. 33 und die mehrstöckigen Miets-häuser ebenfalls in der Aiblinger Str. 1, 2 und 3. In der Ruffinistr. sind es die Häuser 4 und 6, außerdem sind Orffstr. 4, Volkartstr. 40, 70 und 72, Frundsbergstr. 5, 8 und 12, Leonrodstr. 38–42 sowie Ysenburgstr. 7 und 11 zu empfehlen. Hinzu kommen noch in der Böcklinstraße die Häuser Nr. 34 und 36 sowie die Nr. 7 in der Pilarstr.

reichen Einzelhandelsgeschäfte und einem überreichen Angebot an Speiselokalen aller Kategorien als »Stachus von Neuhausen« bezeich-net. An jedem Donnerstag lockt hier ein Bauernmarkt.

In der nahen **Volkartstraße** gibt es kleine, originelle Läden zu ent-decken. Gleich um die Ecke in der **Orff**- und vor allem in der **Bothmer-straße** ➡ cC9/10 geht es vorbei an nostalgischen Reihenhäusern mit winzigen Vorgärten und verschnörkelten Gründerzeitfassaden.

Der kleine Umweg zur Lachnerstraße führt zu einem Neubau der ganz besonderen Art. Umgeben von den Gründerzeitfassaden mehrstö-ckiger, großbürgerlicher Stuckdeckenhäuser wirkt der mächtige blaue Würfel der **Herz-Jesu-Kirche** ➡ cC9 einerseits wie ein Fremdkörper, an-dererseits setzt er einen interessanten architektonischen Kontrapunkt, der noch immer kontroverse Diskussionen herausfordert.

Auf dem Weg zum Schloss Richtung Nymphenburger Schlosska-nal lohnt sich der Abstecher über die Gerner Brücke kreuz und quer durch die idyllische Villenkolonie. Die unter Denkmalschutz stehenden Jugendstil-Reihenhäuser an der **Tizian**-, **Magdalenen**-, **Böcklin**- oder **Wilhelm-Düll-Straße** ➡ cA/cB8/9 gehören zu den Aushängeschildern des Viertels.

Der gemütliche Spaziergang entlang der Nördlichen Auffahrtsallee öffnet immer wieder den Blick auf die Prunkfassade des ➏ **Nymphen-burger Schlosses** ➡ bB/bC3/4, in dem gleich mehrere Dauerausstellun-gen besucht werden können. ∎

Italienische Baukunst spiegelt sich in Schloss Nymphenburg wider

Museen, Kirchen, Architektur und andere Sehenswürdigkeiten

Museen

Ägyptische Kunst, Staatliches Museum ➡ H7
Gabelsbergerstr. 35
Tram 27/28: Karolinenplatz, Bus 100: Königsplatz
✆ (089) 28 92 76 30
www.aegyptisches-museum-muenchen.de
Tägl. außer Mo 10–18, Di bis 20 Uhr
Eintritt € 7/5, bis 18 J. frei, So € 1
Über eine breite Freitreppe oder die breite Rampe erreicht der Besucher die fast mystisch wirkenden, lang gestreckten Räume mit ihren wunderbaren nach Themen präsentieren Exponaten. Assoziationen an die Königsgräber sind durchaus beabsichtigt.

Antikensammlung, Staatliche ➡ J6
Königsplatz 1
U2, Bus 100: Königsplatz, Tram 27/28: Karolinenplatz
✆ (089) 59 98 88 30
www.antike-am-koenigsplatz.mwn.de, tägl. außer Mo 10–17, Mi bis 20 Uhr
Eintritt € 6, bis 18 J. frei, So € 1
Gezeigt werden antiker Goldschmuck sowie Kleinplastiken aus Bronze und Terrakotta. Interessant sind auch die Exponate zur etruskischen Kunst.

Geschwister Scholl

Bayerisches Nationalmuseum ➡ J11
Prinzregentenstr. 3, U4/5: Lehel, Tram 18, Bus 100: Nationalmuseum/Haus der Kunst
✆ (089) 211 24 01, www.bayerisches-nationalmuseum.de
Tägl. außer Mo 10–17, Do bis 20 Uhr, Eintritt € € 7/6, bis 18 J. frei, So € 1
Mehr als 60 Krippen aus dem 18./19. Jh. aus Neapel, Sizilien und dem Alpenraum. Sehenswert sind ebenfalls die volkskundlichen Sammlungen.

Bier-Oktoberfest-Museum ➡ L9
Sterneckerstr. 2
S1–8, U3/6: Marienplatz
✆ (089) 24 23 16 07, www.bier-und-oktoberfestmuseum.de
Di–Sa 13–18 Uhr
Eintritt € 4/2,50
Hier erfährt man eine Menge über das Lieblingsgetränk der Bayern und über die Geschichte des größten Volksfestes der Welt. Im angeschlossenen »Museumsstüberl«, einem der ältesten Häuser der Stadt, gibt es ein frisches Bier vom Fass. Ein Stück der alten Stadtmauer aus dem Jahr 1340 ist im Gastraum zu besichtigen.

BMW-Museum ➡ A5
Am Olympiapark 2
U3, Bus 173: Olympiazentrum
✆ (089) 125 01 60 01
www.bmw-museum.com
Tägl. außer Mo, Fei 10–18 Uhr
Eintritt € 10/7, Familienkarte (bis 5 Personen) € 24, Gruppenkarte ab der 5. Person € 9
Nach einer umfangreichen Renovierung wurde das Museum aus dem Jahr 1973 in der glänzenden silbernen Schüssel im Juni 2008 wieder eröffnet. Gezeigt werden mehr als 125 Original-

exponate aus der langjährigen Unternehmensgeschichte.

DenkStätte Weiße Rose ➡ G9
Lichthof der LMU, Geschwister-Scholl-Platz 1, U3/6: Universität
✆ (089) 21 80 30 53
www.weisse-rose-stiftung.de
Mo–Fr 10–16, Sa 11.30–14.30 Uhr
Eintritt frei
Die ständige Ausstellung informiert den Besucher über Leben und Wirken der Geschwister Scholl und ihres Freundeskreises. Eine Präsenzbibliothek und einzelne Hörstationen vermitteln ein umfassendes Bild von den Aktivitäten der Geschwister, die ihren Kampf gegen den Nationalsozialismus mit dem Leben bezahlen mussten.

Deutsches Jagd- und Fischerei-museum ➡ L7
Neuhauser Str. 2
S1–8, U3/6: Marienplatz, U4/5: Karlsplatz (Stachus)
✆ (089) 22 05 22
www.jagd-fischerei-museum.de
Tägl. 9.30–17, Do bis 21 Uhr
Eintritt € 3,50/2,50
Allein die Location ist eine Sehenswürdigkeit: In der ehemaligen Augustinerkirche erwarten den Besucher eine umfangreiche Trophäensammlung, historische Jagdwaffen sowie jede Menge Tierpräparate und Gemälde.

❼ Deutsches Museum ➡ N9
Museumsinsel 1
S1–8: Isartor, Tram 16: Deutsches Museum, Bus 132: Boschbrücke
✆ (089) 21 79-1
www.deutsches-museum.de
Tägl. 9–17 Uhr
Eintritt € 11/4, Kombikarte für Deutsches Museum, Flugwerft und Verkehrszentrum € 15
Die größte naturwissenschaftlich-technische Sammlung der Welt wird bei laufendem Betrieb für 400 Mio. Euro von Grund auf saniert. Die Arbeiten dauern bis 2025.

Deutsches Museum auf einer Postkarte von 1918

Deutsches Museum, Flugwerft Schleißheim ➡ aA4
Ferdinand-Schulz-Allee
85764 Oberschleißheim
S1: Freising/Oberschleißheim
✆ (089) 315 71 40
Tägl. 9–17 Uhr
Eintritt € 6/3, Familien € 12
In der historischen Flugwerft werden rund 60 Flugobjekte gezeigt. Die Exponate reichen vom frühen Gleitflugapparat bis hin zur Weltraumträgerrakete.

Deutsches Museum, Verkehrs-zentrum ➡ M3
Am Bavariapark 5
U4/5: Schwanthalerhöhe
✆ (089) 500 80 67 62
Tägl. 9–17 Uhr
Eintritt € 6/3, Familien € 12
In den denkmalgeschützten Hallen des ehemaligen innerstädtischen Messegeländes wird der langen Entwicklungsgeschichte der Mobilität gehuldigt. Zu sehen gibt es neben historischen Straßenbahnen, Fahrrädern und Bergbahnen auch die ersten Autos und Motorräder. Eines der Prunkstücke ist ein pinkfarbener Cadillac aus den 1950er Jahren.

Glyptothek
➡ H/J6
Königsplatz 3
U2, Bus 100: Königsplatz, Tram 27/28: Karolinenplatz
✆ (089) 28 61 00
www.antike-am-koenigsplatz.mwn.de

Die marmorne »Medusa Rondanini« in der Glyptothek (um 440 v. Chr.)

Tägl. außer Mo 10–17, Do bis 20 Uhr
Eintritt € 6, bis 18 J. frei, So € 1
Hauptwerke der Sammlung sind die Giebelfiguren des Aphaiatempels von Ägina und Porträts griechischer Philosophen und römischer Kaiser. Außerdem sind überragende Beispiele der griechischen Vasenkunst zu bewundern.

Haidhausen-Museum ➡ aD5
Kirchenstr. 24
U4/5: Max-Weber-Platz
℅ (089) 448 52 92
www.haidhausen-museum.mux.de
Mo–Mi 16–18, So 14–18 Uhr
Eintritt frei
Heinrich der Löwe ließ 1158 die Isarbrücke bei Föhring, über die seinerzeit die Salzstraße führte, zerstören und gab einen neuen Flussübergang bei München, in Haidhausen, in Auftrag. Mit diesem Schachzug gelang es ihm, für München den einträglichen Wegezoll zu kassieren. Die ständige Ausstellung des Museums beschäftigt sich mit der Entwicklung des Stadtteils bis heute. Komplementiert wird das Angebot durch interessante Wechselausstellungen. Außerdem werden alle 14 Tage speziell für Kinder im »Kino im Museum« Filme gezeigt.

Haus der Kunst ➡ J10
Prinzregentenstr. 1
Tram 18, Bus 100: Nationalmuseum/Haus der Kunst
℅ (089) 21 12 71 13
www.hausderkunst.de
Tägl. 10–20, Do bis 22 Uhr
Eintrittspreise variieren je nach Ausstellung
Das ehemalige »Haus der Deutschen Kunst«, gebaut während des Nationalsozialismus, punktet heute mit großen Präsentationen, die vorrangig zeitgenössische internationale Kunst zum Thema haben.

Jüdisches Museum ➡ M7
St.-Jakobs-Platz 16
S1–8, U3/6: Marienplatz
℅ (089) 23 39 60 96
www.juedisches-museum-muenchen.de
Tägl. außer Mo 10–18 Uhr
Eintritt € 6/3
Das Museum ist Teil des Gemeindezentrums mit der Synagoge. Die Dauerausstellung gibt Einblicke in die jüdische Geschichte und Kultur Münchens. Es lädt ein zu einer offenen Auseinandersetzung zu den unterschiedlichsten Themenbereichen.

Kunsthalle der Hypo-Kulturstiftung ➡ K8
Theatinerstr. 8

Die neue Hauptsynagoge am St.-Jakobs-Platz

Franz Marcs »Kühe – rot, grün, gelb« (1912) in der Städtischen Galerie im Lenbachhaus

U3–6, Bus 100: Odeonsplatz
☏ (089) 22 44 12
www.hypo-kunsthalle.de
Tägl. 10–20 Uhr
Eintrittspreise variieren je nach Ausstellung
Großartige, wechselnde Kunstausstellungen, die seit 1985 immer wieder für regen Diskussionsstoff in der Szene sorgen.

Lenbachhaus, Städtische Galerie im ➡ H6
Luisenstr. 33
U2/8, Bus 100: Königsplatz, Tram 27/28: Karolinenplatz
☏ (089) 23 33 20 00
www.lenbachhaus.de
Di 10–21, Mi–So 10–18 Uhr
Eintritt € 10/5
»Ich gedenke mir einen Palast zu bauen, der das Dagewesene in den Schatten stellen wird«, schrieb Franz von Lenbach 1885.
Nach vierjähriger Generalsanierung wurde die Villa des Malerfürsten inkl. seines dreigeschossigen, in Gold gehaltenen Neubaus im Mai 2013 wieder eröffnet.
Grundstock der Sammlung ist das umfangreiche Lebenswerk des Künstlers. Hinzu kommt die einzigartige ständge Sammlung

mit Werken des »Blauen Reiters« (Kandinsky, Klee, Marc, Macke, Münter u. a.). Außerdem werden Werke von Joseph Beuys gezeigt. Hinzu kommen hochkarätige Wechselausstellung im Zwischengeschoss des U-Bahnhofs.

Münchner Stadtmuseum ➡ L8
St.-Jakobs-Platz 1
S1–8, U3/6: Marienplatz
☏ (089) 23 32 23 70
www.muenchner-stadtmuseum.de
Tägl. außer Mo 10–18 Uhr
Eintritt Dauerausstellung € 4/2
Gezeigt werden neben 400 Exponaten zur Münchner Geschichte u. a. die Sammlung Puppentheater und Schaustellerei, eine Ausstellung zum Nationalsozialismus in München, die Sammlung Musikinstrumente sowie eine Fotosammlung.

Museum Brandhorst ➡ H8
Kunstareal Theresienstr. 35 A
Tram 27, Bus 100: Pinakotheken
☏ (089) 238 05 22 86
www.museum-brandhorst.de
Tägl. außer Mo 10–18, Do 10–20 Uhr
Eintritt € 7, bis 18 J. frei, So € 1
Die private Sammlung von Udo und Anette Brandhorst umfasst

Cy Twomblys lyrischem »Rosen«-Zyklus (2007–08) widmet das Museum Brandhorst einen eigenen Raum

mehr als 700 Werke prominenter Künstler des 20. und 21. Jh. 1999 vermachte das Ehepaar seine Privatsammlung dem Freistaat. Im Gegenzug übernahm Bayern die Kosten für den beeindruckenden Neubau des Berliner Architektenbüros Sauerbruch. Spektakulär ist schon die Fassade: Sie besteht aus 36 000 verschiedenfarbigen Keramikstäben.

Die Brandhorsts interessierten sich für bildende Kunst und für Literatur. Somit galt ihre Aufmerksamkeit Werken, die der Zusammenarbeit von Malern und Dichtern gewidmet ist. Etwa den 112 von Picasso illustrierten Büchern, alles Originalausgaben, die einen Höhepunkt der Sammlung darstellen. Zu sehen sind auch Werke von Cy Twombly und Andy Warhol.

Museum Mensch und Natur
➡ bB4
Schloss Nymphenburg (Nordflügel), Maria-Ward-Str. 1
Tram 17, Bus 51, 151: Schloss Nymphenburg
℃ (089) 179 58 90
www.musmn.de
Di/Mi, Fr 9–17, Do 9–20, Sa/So/Fei 10–18 Uhr
Eintritt € 3,50, bis 18 J. frei, So € 1

Dieses Museum lässt sich locker mit dem Ausflug hinaus nach Schloss Nymphenburg verbinden. Die Entstehung der Erde, geologische Prozesse, aber auch Erkenntnisse zur Genforschung oder Ernährungsphilosophie werden hier auf lebendige Weise thematisiert.

Museum Villa Stuck ➡ K12
Prinzregentenstr. 60
Tram 16, Bus 100: Villa Stuck
℃ (089) 455 55 10
www.villastuck.de
Tägl. außer Mo 11–18, erster Fr im Monat bis 22 Uhr
Eintritt € 4/2
In den historisch-repräsentativen Räumen der Jugendstilvilla des Künstlers Franz von Stuck hängen bedeutende Werke des Malerfürsten. Hinzu kommen interessante Wechselausstellungen.

NS-Dokumentationszentrum
➡ J7
Brienerstr. 34
U2/8, Bus 100: Königsplatz
℃ (089) 23 36 70 00
www.ns-dokumentationszentrum-muenchen.de
Tägl. außer Mo 10–19 Uhr
Eintritt € 5/2,50, bis 18 J. frei
Gedenkstätte des Terrors über den Fundamenten des »Braunen Hau-

ses«, der 1945 zerbombten Partei-
zentrale der NSDAP. Eröffnet am
30. April 2015, dem 70. Jahrestag
der Befreiung Münchens durch
die Amerikaner.

Auf dreieinhalb Stockwerken
mit insgesamt 1000 m² wird die
Dauerausstellung zur Geschichte
des Nationalsozialismus speziell in
München und die Rolle der Stadt
im Terrorsystem der Diktatur
präsentiert. Zur Vertiefung der
gezeigten Inhalte sind interaktive Medienstationen und weitere
Rechercheangebote geplant. Mit
einem vielfältigen, breit angelegten Veranstaltungsprogramm
(Konzerte, Filme, Vorträge) will
das NS-Dokumentationszentrum
weitere Impulse und Denkanstö-
ße geben.

*Besucher in der Alten Pinakothek
vor Peter Paul Rubens' »Großem
Jüngsten Gericht« von 1617*

5 Pinakotheken
Tram 27, Bus 100: Pinakotheken

Alte Pinakothek ➡ H7
Kunstareal Barer Str. 27
☎ (089) 238 05-216
www.pinakothek.de/alte-pina
kothek
Di 10–20, Mi–So 10–18 Uhr
Temporäre Schließungen eini-
ger Räume wegen Sanierung bis
2017 (Infos und Sonderpreise vgl.
Internet)
In dieser weltweit bedeutenden
Gemäldegalerie wird europäische
Malerei vom 14. bis zum 18. Jh.
gezeigt, darunter Werke berühm-
ter Maler wie Dürer, Holbein,
Lucas Cranach d. Ä. oder Pieter
Brueghel d. Ä.

Neue Pinakothek ➡ H7
Kunstareal Barer Str. 29
☎ (089) 238 05-195
www.pinakothek.de/neue-pina
kothek
Tägl. außer Di 10–18, Mi bis 20
Uhr
Eintritt € 7/5, So € 1
Die ständige Sammlung europä-
ischer Malerei reicht vom Klassizismus bis zum Jugendstil. Dazu

gibt es Wechselausstellungen zu
den unterschiedlichsten Themenbereichen zum 19. Jh.

Pinakothek der Moderne
➡ H7/8
Kunstareal Barer Str. 40
☎ (089) 238 05-360
www.pinakothek.de/pinakothek-
der-moderne
Tägl. außer Mo 10–18, Do bis 20
Uhr
Eintritt € 10/7, So € 1, Mi frei
Der großartige Bau mit Exponia-
ten der klassischen Moderne in
den Bereichen Kunst, Architektur, Grafik und Design hat sich

*Carl Spitzwegs millionenfach re-
produzierter »Armer Poet« (1839)
in der Neuen Pinakothek*

seit seiner Eröffnung 2002 zu einem Publikumsmagneten entwickelt. Das Architekturmuseum der Technischen Universität München zeigt zusätzlich in spannenden Wechselausstellungen seine Schätze.

❹ Residenz
Vgl. S. 47 ff.

Sammlung Café Luitpold ➡ K8
Luitpoldblock im Palmengarten, Brienner Str. 11
U3–6, Bus 100: Odeonsplatz
✆ (089) 24 25 76 72
www.luitpoldblock.de
Tägl. 10–19 Uhr
Führung Di 11 Uhr (€ 3,50), ohne Führung frei
Die Sammlung dokumentiert auf amüsante Art die wechselvolle Geschichte des Hauses, das bis zu seiner Zerstörung im Zweiten Weltkrieg zu den europäischen Top-Adressen in Sachen Kaffeehauskultur gehörte. In den prachtvollen Jugendstilsälen trafen sich seit seiner Eröffnung im Januar 1888 bis zu seinem Unter-

Seine Verehrer schmücken das Bronzedenkmal für Karl Valentin am Viktualienmarkt täglich mit frischen Blumen

gang Münchner Persönlichkeiten aus Politik und Kultur.

❻ Schloss Nymphenburg
Vgl. S. 50 f.

Spielzeugmuseum ➡ L8
Marienplatz 15, im Turm des Alten Rathauses
S1–8, U3/6: Marienplatz
✆ (089) 29 40 01
www.spielzeugmuseum-muenchen.de
Tägl. 10–17.30 Uhr, Eintritt € 4/3
Auf mehreren Etagen des historischen Wachturms der ersten Münchner Stadtmauer gibt es europäisches und amerikanisches Spielzeug aus zwei Jahrhunderten zu sehen: Holz- und Blechspielzeug, Modelleisenbahnen, Puppen, optisches Spielzeug und mehr.

Staatliche Antikensammlung
Vgl. Antikensammlung S. 30.

Valentin-Karlstadt-Musäum ➡ L9
Tal 50, im Isartorturm
S1–8, Tram 16/18: Isartor
✆ (089) 22 32 66
www.valentin-musaeum.de
Mo/Di, Do 11.01–17.29, Fr/Sa 11.01–17.59, So 10.01–17.59 Uhr
Eintritt € 2,99/1,99
Dieses »Musäum« fällt in jeder Beziehung aus dem Rahmen. Die Exponate sind so hintersinnigoriginell wie die beiden bekannten Münchner Komiker Liesl Karlstadt und Karl Valentin.

Kirchen

❽ Allerheiligen-Hofkirche ➡ K9
Marstallplatz 7
U3–6: Odeonsplatz, Tram 19: Nationaltheater
Nach den Plänen von Leo von Klenze wurde zwischen 1826 und 1837 im Auftrag von Ludwig I. diese Kirche im rückwärtigen Ausgangsbereich der Residenz im byzantinischen Stil mit farbenprächtigen Fresken errichtet. Nach ihrer völligen Zerstörung während des Zweiten Weltkriegs besticht der Wiederaufbau durch die klaren Proportionen seines schmucklosen Innenraums, der eine fantastische Akustik hat und heute für kulturelle Veranstaltungen genutzt wird.

Alter Peter (St. Peter) ➡ L8
Rindermarkt 1
S1–8, U3/6: Marienplatz
St. Peter, so die offizielle Bezeichnung, war lange Zeit die einzige Kirche der Stadt Heinrichs des Löwen. Anhand von Grabungen konnte 1952 festgestellt werden, dass sie in der Zeit der Romanik als Klosterkirche errichtet wurde. Der somit älteste Sakralbau der Stadt spiegelt in seiner Innenausstattung alle großen Kunstepochen von der Gotik über die Renaissance, dem Barock und Rokoko bis hin zum Klassizismus wider.

Während des Zweiten Weltkriegs konnten fast alle beweglichen Teile der Innenausstattung ausgelagert werden, und auch Teile des Deckenfreskos mit Szenen aus dem Leben des heiligen Petrus von Johann Baptiste Zimmermann blieben unzerstört. Von den insgesamt 16 Feldern sind die sechs westlichen Originale, die zehn zerstörten wurden erst 1985 rekonstruiert.

❷ Asamkirche ➡ L7
Sendlinger Str. 62
U1–3/6/7, Tram 16–18/27: Sendlinger Tor

Putto in der Asamkirche St. Johann Nepomuk

Zu einem einzigartigen Architekturdenkmal sakraler Baukunst von Weltgeltung zählt St. Johann Nepomuk, wie diese Kirche offiziell heißt. Egid Quirin Asam, der jüngere der beiden vielbeschäftigten Künstler und Architekten des Spätbarocks, erwarb nicht nur 1729/39 die beiden Grundstücke in der Sendlinger Gasse, sondern sicherte außerdem mit seinem Vermögen die Fertigstellung dieses kostenintensiven Privatvergnügens. Er steckte den größten Teil seines vor allem aus kirchlichen Aufträgen stammenden Vermögens in das Unterfangen. Sein älterer Bruder, Cosmas Damian, konnte in das Gemeinschaftswerk »nur« sein künstlerisches Können und seine Arbeitskraft einbringen. Am 16. Mai 1733 wurde unter großer Anteilnahme der Bevölkerung und im Beisein des damaligen Kronprinzen Maximilian Joseph der Grundstein gelegt.

Flankiert vom Wohnhaus der Brüder Asam und dem Priesterhaus, betritt man durch das von Säulen eingerahmte und mit lebensgroßen Figuren geschmückte Portal – links Papst Benedikt XIII., rechts Johann Theodor (Fürstbischof von Freising) – die ovale Vorhalle, die an das Entree eines Theaters erinnert. Der schmale, hohe Kirchraum mit seinem zweistöckigen Hochaltar wirkt überwältigend. Der gesamte Innenraum beeindruckt durch eine Farbsymphonie in Gold und Rot. Die Stuckmarmorwände des Kirchenschiffs sind überreich mit plastischem Dekor geschmückt. Auffallend ist der umlaufende, geschwungene Balkon, über den die Erbauer von ihrem Wohnhaus aus einen direkten Zugang zu den Gottesdiensten hatten. Das Deckengemälde erzählt Szenen aus dem Leben und Sterben des heiligen Johann Nepomuk.

Bürgersaal ➡ K7

Neuhauser Str. 14
S1–8, U4/5, Tram 12/16/17/20–22: Karlsplatz (Stachus)

Mit seiner in Rosa gehaltenen, zweigeschossigen barocken Fassade zieht dieser Bau die Blicke auf sich. Den Auftrag zu diesem Sakralbau vergab die Marianischen Männerkongregation, eine Vereinigung von Jesuiten, die sich der Förderung des Marienkults verschrieben hatte. Die Originalentwürfe stammen von Giovanni Antonio Viscardi. Oberhalb der dreischiffigen, niedrigen Unterkirche mit dem Grab des Jesuitenpaters Rupert Mayer erwartet einen im ersten Stock ein Barocksaal, der an einen Tanzsaal erinnert. Auch wenn es sich um eine unter Kunsthistorikern als problematisch angesehene Rekonstruktion des während des Zweiten Weltkriegs zerstörten Originals handelt, schenkt sie dem Laien zumindest die Idee von Authentizität.

Das überragende Originalkunstwerk in diesem Raum ist der lebensgroße Schutzengel unter der Orgelempore, der 1763 von Ignaz Günther geschaffen wurde. Kein geschlechtsloses Neutrum steht da vor einem, sondern ein sich seiner erotischen Ausstrahlung bewusstes Wesen. Raffiniert lässig, das Spielbein bis zur Hüfte unbedeckt, tritt dieser Engel auf die Schlange zu seinen Füßen und scheint dem atemlosen, pummeligen Kind an seiner Hand den »rechten Weg« zu zeigen.

❶ Frauenkirche ➡ L8

Frauenplatz
S1–8, U3/6: Marienplatz, Tram 19: Theatinerstraße

Der weithin sichtbare »Dom zu Unserer Lieben Frau« ist nach dem Alten Peter die zweitwichtigste Kirche der Altstadt. Den Auftrag zu dem mächtigen Backsteinbau erhielt 1486 Meister Jörg von Halspach, genannt Ganghofer, auf Empfehlung des Abtes von Tegernsee. Bis zur Grundsteinlegung stand an dieser Stelle eine sehr viel kleinere romanische Marienkapelle, deren Bauschutt laut Chronik »von den Bürgern jeden Alters und Standes« innerhalb von zehn Tagen weggeräumt wurde. Die Kosten für den Neubau wurden übrigens auch zum überwiegenden Teil von der Bürgerschaft getragen.

Nach nur achtjähriger Bauzeit konnte schon die Wölbung geschlossen werden. Für den Dachstuhl mussten allein 2000 Baumstämme, zu 140 Flößen zusammengefügt, die Isar flussabwärts gedriftet werden. Geweiht wurde das himmelstürmende Backsteindenkmal Münchner Bürgerstolzes am 14. April 1494.

Wer sich heute ein Bild von der im Krieg fast völlig zerstörten, großartigen Inneneinrichtung machen will, muss nach Freising ins Diözesanmuseum fahren. Auf dem Gemälde von Gail (1861) ist die gotische Pracht zu sehen. Auf diesem Gemälde befindet sich auch das Grabmal für Kaiser Ludwig den Bayern an prominenter Stelle vor dem Hochaltar und nicht wie jetzt im südlichen Seitenschiff. Über dem Aufgang zum Chor hängt heute das 1953 geschaffene große Kruzifix von Henselmann. Zu den wenigen Schätzen der origi-

Hauptportal der Frauenkirche

nalen Innenausstattung zählen der Bennoschrein (17. Jh.) in der Bennokapelle und die Figur des St. Christopherus (16. Jh.) in der Kapelle gegenüber. Sehenswert sind die 120 Epitaphien von aufgelassenen innerstädtischen Friedhöfen an der Außenwand.

Herz-Jesu-Kirche → aC/aD4
Lachnerstr. 6 (Neuhausen)
U2: Rotkreuzplatz, Tram 12: Neuhausen
Der Würfel mit seiner 14 m hohen blauen Glasfront ist Fremdkörper und Blickfang zugleich. Die Pläne zu dieser Kirche entwarf das Architekturbüro Allmann Sattler

Wappner. Sie entstand zwischen 1997 und 2000 anstelle eines 1951 abgebrannten Vorgängerbaus und wird heute häufig auch für kulturelle Veranstaltungen mit sakralem Hintergrund genutzt. Die komplette Vorderseite lässt sich anlässlich hoher kirchlicher Feiertage wie ein riesiges Tor öffnen. An den Wänden des schlichten Innenraums sind die einzelnen Stationen des Kreuzwegs der einzige Schmuck.

Ludwigskirche (St. Ludwig) → H9
Ludwigstr. 20
U3/6: Universität
Mit dem Bau der monumentalen

Pfarr- und Universitätskirche mit ihrer Doppelturmfassade wurde auf Anordnung Ludwigs I. nach Plänen von Friedrich von Gärtner 1829 begonnen. Ihre hoch aufragenden Türme bilden einen wichtigen architektonischen Akzent in der streng konzipierten Ludwigstraße. Die farbenprächtigen Chorfenster erzählen die Geschichte des Jüngsten Gerichts. Unübersehbar ist außerdem das riesige Wandfresko »Das Jüngste Gericht« von Peter von Cornelius.

St. Michael ➡ L/K7
Neuhauser Str. 6
S1–8, U4/5, Tram 17–20: Karlsplatz (Stachus)
Nach 14-jähriger Bauzeit wurde am 6. Juli 1597 diese erste Renaissancekirche nördlich der Alpen, erbaut nach den Plänen von Friedrich Sustris, geweiht. Zu den außergewöhnlichen architektonischen Details jener Zeit zählt das Tonnengewölbe mit einer Spannweite von 20 m. Zu den Kostbarkeiten der Innenausstattung gehört der gotische Schrein mit den Reliquien der heiligen Ärzte Cosmas und Damian, die zur Zeit der verheerenden Pestepidemien große Verehrung fanden.

Beachtenswert ist außerdem der lebensgroße, vital und dennoch mystisch wirkende »Weihwasserengel« aus Bronze. Die Figur war ursprünglich für das Grabmal des Kirchenstifters Herzog Wilhelm V. und seiner Frau Renata gedacht.

In der Fürstengruft unterhalb des Chors sind 41 Angehörige des Hauses Wittelsbach beigesetzt. Zu einer Wallfahrtsstätte hat sich der immer mit frischen Blumen geschmückte Sarkophag Ludwigs II. entwickelt.

Theatinerkirche (St. Kajetan) ➡ K8
Odeonsplatz
U3–6, Bus 100: Odeonsplatz
Nach der glücklichen Geburt ihres Sohnes, Erbprinz Max Emanuel, übernahm die gebürtige Italienerin Henriette Adelaide kurzerhand selbst die Bauaufsicht. Da sich unter den bayerischen Baumeistern ihrer Zeit niemand fand, dem sie den Entwurf zu einem Bauwerk von europäischem Rang zutraute, entschied sie sich für Berühmtheiten ihrer Heimat. Ein Jahr nach der Geburt des Thronfolgers, also 1663, wurde der Grundstein zu diesem Sakralbau gelegt. Bei der Arbeit zu den Entwürfen für diese Kreuzkuppelkirche ließ sich der Barock-

Die Fassade der ersten Renaissancekirche nördlich der Alpen: St. Michael in der Theatinerstraße

Ein UFO ist gelandet: die Allianz Arena im Münchner Norden

baumeister Agostino Barelli von der Architektur der Mutterkirche des Theatinerordens San Andrea della Valle in Rom inspirieren.

Der ganz in Weiß gehaltene Innenraum lässt Vergleiche mit einem Ballsaal zu. Das Licht fällt ungefiltert durch die hohen Fenster der großartigen Kuppel. Der üppige Akanthus-Stuck verleiht dem Raum festliche Beschwingtheit. Seitlich des Altars befindet sich der Zugang zur Fürstengruft der Wittelsbacher.

Architektur und andere Sehenswürdigkeiten

Allianz Arena ➜ aB5
Werner-Heisenberg-Allee 25
U6: Fröttmaning
✆ (089) 350 94 83 50
www.allianz-arena.de
Führungen an veranstaltungsfreien Tagen 10–16.30 (im Winter) bzw. 18.00 (im Sommer) Uhr
Eintritt € 10/9 (bis 13 J. € 6,50), Familien € 29
Wer sich mit dem Auto von Norden her der Stadt nähert, macht wenige Kilometer vor dem Ende der Autobahn Bekanntschaft mit einem der Superlative der jüngeren Architekturgeschichte. Die Heimstatt der Fußballclubs FC Bayern München und TSV 1860 München verfügt über 75 000 überdachte Sitzplätze auf drei Rängen bei internationalen Spielen und 69 000 Plätze bei Bundesligaspielen. Hinzu kommen 2200 Business- und Pressesitze und 106 Logen mit insgesamt 1374 Sitzen. Das Stadion wurde von dem Architekturbüro Herzog & de Meuron entworfen.

Das Auftaktspiel zur Fußballweltmeisterschaft 2006 in dieser Arena war die Geburtsstunde jener einzigartigen Stimmung, die als »Deutschland ein Sommermärchen« wohl für immer im nationalen Gedächtnis bleiben wird.

Geradezu spektakulär ist die Sicht auf das riesige Stadion ohne Ecken und Kanten, mal als Schlauchboot, Ufo oder umgekippter Autoreifen bezeichnet. Mit Einbruch der Dunkelheit wird an Spieltagen ein faszinierendes Lichtspektakel geboten: Leuchtet die Arena in einem kräftigen Rot, spielt der FC Bayern, Blau signalisiert ein Spiel von 1860 und das schlichte Weiß bedeutet, dass die Nationalmannschaft zu Gast ist.

Alte Münze ➜ K/L9
Hofgraben 4

S1–8, U3/6: Marienplatz, Tram 19: Nationaltheater

Die Alte Münze, seit 1986 Sitz des Bayerischen Landesamts für Denkmalpflege, wurde zwischen 1563 und 1567 als Marstall und Kunstkammer im Auftrag von Herzog Albrecht V. zwischen dem Alten Hof und der Residenz errichtet. Im berühmten Arkadenhof dieses Renaissancebaus befand sich bis zu Beginn des 19. Jh. der Marstall des jeweiligen Regenten. Im zweiten Obergeschoss hatte sich der vielseitig gebildete Albrecht V. seine umfangreiche Bibliothek und eine damals typische »Kunst- und Wunderkammer« einrichten lassen.

Bavaria Filmstadt ➡ aF4
Bavariafilmplatz 7
82031 Geiselgasteig
Tram 25: Bavariafilmplatz
✆ (089) 64 99 20 00
www.filmstadt.de
Tägl. Mitte März–Mitte Nov. 9–18, Mitte Nov.–Mitte März 10–17 Uhr
Eintritt € 13/12 (6–17 J. € 11), Filmstadt komplett € 27,50

Das Hollywood der Isar liegt im Villenvorort Grünwald. Auf dem 32 ha großen Gelände haben schon Billy Wilder, Alfred Hitchcock und Orson Welles, aber auch Rainer Werner Fassbinder und Bernd Eichinger gedreht. Hier entstanden so berühmte Streifen wie »Das Boot« oder »Die Manns«. Im Verlauf einer spannenden Führung werden zahlreiche Kulissen gezeigt. Außerdem

Dreirädriges aus der Nachkriegszeit im BMW-Museum: die BMW Isetta

können eine Stunt-Show und ein 4-D-Erlebniskino besucht werden. Der Entertainer Michael »Bully« Herbig besitzt sein eigenes Museum (1500 m²) auf dem Gelände.

Bayerische Staatsbibliothek ➡ H9
Ludwigstr. 16
U3/6: Universität

Die vier Sitzfiguren (Homer, Aristoteles, Hippokrates und Thukydides) auf der Freitreppe sind nicht zu übersehen. Im Rahmen der Bauarbeiten an der Ludwigstraße wurde Friedrich von Gärtner mit den Entwürfen zu diesem Hort der Wissenschaft beauftragt, 1832 war Grundsteinlegung. Bedingt durch akuten Geldmangel konnte der Bau aber erst 1843 eingeweiht werden.

Sehenswert ist das großzügige, wiederhergestellte Treppenhaus, das an die Scala dei Giganti im Dogenpalast von Venedig erinnert. Hervorgegangen aus der Bibliothek Albrechts V. gehört sie mit ihrem Bestand von derzeit über 9 Mio. Bänden, darunter einzigartige Kostbarkeiten, zu den größten international gerühmten Sammlungen.

✺ BMW-Welt ➡ A5
Am Olympiapark 1
U3, Bus 173: Olympiazentrum
✆ (089) 125 01 60 01
www.bmw-welt.com
Tägl. 9–18 Uhr, Eintritt frei

Mit dem Bau seines großen Erlebnis- und Auslieferungszentrums hat der Autobauer BMW einen architektonischen Coup der extravaganten Art gelandet. Der Entwurf zu dem langgestreckten Komplex gigantischen Ausmaßes mit dem schwungvollen Doppelkegel als Eyecatcher stammt aus dem Wiener Büro Coop Himmelb(l)au und gehört noch immer zum Spektakulärsten, was München zum Thema zeitgenössische Architektur zu bieten hat. Die »Kathedrale des

Die markanten »Vierzylinder« der BMW-Konzernzentrale ragen über hundert Meter in den bayerischen Himmel

Automobils« steht am Rand des Ensembles Olympiapark in unmittelbarer Nachbarschaft des berühmten Vierzylinders (BMW-Verwaltungsbau) und des BMW-Museums.

Der trotz seiner Größe filigran wirkende Doppelkegel ist eine überzeugende architektonische Antwort auf die schwungvollen Dachkonstruktionen der Olympia-Sportstätten in Sichtweite. In der BMW-Welt wird nicht nur die Auslieferung neuer Autos inszeniert. Für Essen und Trinken sorgen vier Lokalitäten mit sowohl preislich als auch qualitativ unterschiedlichem Angebot.

Cuvilliés-Theater
(Altes Residenztheater) ➡ K9
Residenzstr. 1
U3–6, Bus 100: Odeonsplatz
℡ (089) 29 06 77 50
www.residenz-muenchen.de
April–Juli Mo–Sa 14–18, Aug.–Mitte Sept. 9–18, Mitte Sept.–Mitte Okt. 14–18, Sa/So 9–18, Mitte Okt.–März 14–17, So/Fei 10–17

Uhr; das Theater kann unabhängig von der Residenz besichtigt werden, Eintritt € 3,50/2,50

Zu ihrem 850. Geburtstag im Jahr 2008 konnte die Stadt ihren Bürgern dank des großzügigen Spendenaufkommens vieler vermögender Mitbürger und Firmen und eines erheblichen Betrags aus dem Steuersäckel die vierte Wiedereröffnung des traditionsreichen Theaters nach einer dringend gebotenen, grundlegenden Renovierung schenken.

Die spannende Baugeschichte des Hauses in Stichworten: 1751 gibt der feinsinnige Ästhet und anerkannte blaublütige Komponist Max III. Josef den Bau eines Hoftheaters an der Stelle des heutigen Residenztheaters am Max-Joseph-Platz in Auftrag. Den Zuschlag bekommt der begnadete François de Cuvilliés. 1763 findet die Einweihung dieses nur dem Hof vorbehaltenen Rokokokleinods statt. 1831 muss das Theater wegen Baufälligkeit geschlossen werden, zwischen

Isar River Surf: Eisbach-Wellenreiter am Haus der Kunst im Süden des Englischen Gartens

1856 und 1857 wird die Rokokoausstattung grundlegend renoviert und die zweite Wiedereröffnung begangen.

In den Wirren des Zweiten Weltkriegs entschließt man sich 1943/44 in weiser Voraussicht zur Auslagerung sämtlicher kostbarer Schnitzereien. Danach geht das Theater im Bombenhagel restlos unter. Anlässlich der 800-Jahrfeier der Stadt wagt man den Wiederaufbau dieser beeindruckenden Raumschöpfung. Nun wird es aber nicht an seinem angestammten Platz neben dem Nationaltheater wieder errichtet, sondern innerhalb der Residenz. Hoch motiviert stemmen die Kunsthandwerker in einem Zeitraum von nur zwei Jahren dieses Wunder.

1958 konnte dann dem staunenden Publikum das nun jedermann zugängliche und weltweit einzigartige Architekturdenkmal präsentiert werden. Damals wie heute war es der Großzügigkeit privater Spender zu verdanken, dass die rückblickend lächerliche Summe von 4 Mio. D-Mark zusammenkam. Zum Vergleich: Die letzte und vierte Sanierung des Cuvilliés-Theaters kostete 24 Mio. Euro und dauerte vier Jahre.

❾ Englischer Garten ➡ E–J10/11
U3/6: Universität, Tram 18: Paradiesstraße, Bus 100: Haus der Kunst

Weltweit zählt diese Parkanlage zu den größten ihrer Art – sie ist sogar größer als der Central Park in New York. Sie beginnt an der Prinzregentenstraße hinter dem Haus der Kunst und zieht sich über eine Länge von gut 5 km Richtung Norden bis zur Gaststätte »Aumeister«, bevor sie in die sogenannten Isarauen übergeht, die sich weiter Kilometer um Kilometer Richtung Freising fortsetzen.

Nach dem Vorbild eines englischen Landschaftsgartens lässt Kurfürst Karl Theodor das Jagdgelände der Wittelsbacher 1789 zu einem öffentlichen Park umgestalten. Beauftragt wird der US-Amerikaner Benjamin Thompson – besser bekannt als Graf Rumford – der, nachdem er

das bayerische Heer reformiert hat, den beim Volk unbeliebten Herrscher zu diesem Schritt überreden kann. Im Laufe der Zeit wird der Englische Garten mehrfach erweitert oder verändert. So lässt Freiherr von Werneck, der Nachfolger Rumfords, den Kleinhesseloher See anlegen. Sein 15 m hoher Aushub wird erst Jahre später (1837/38) mit dem Monopteros nach Plänen von Leo von Klenze bekrönt.

Zu den brutalsten Eingriffen in die Parkanlage gehört der Bau des Hauses der Kunst mit seiner monumentalen Säulenfront. In Auftrag gegeben von den Nationalsozialisten, wurde das Museum 1937 als »Haus der Deutschen Kunst« mit der Ausstellung »Entartete Kunst« von Hitler höchstpersönlich eröffnet. Heute werden die Säle für große Ausstellungen genutzt.

Egal ob Sommer oder Winter, der Englische Garten ist Teil des viel besungenen Münchner Lebensgefühls. Je nach Wetter haben die Biergärten geöffnet; wobei der Chinesische Turm unbestritten der bekannteste Treffpunkt ist. An den Wochenenden spielt im ersten Stock des Holzturms eine Blaskapelle. Ein fantastischer Panoramablick auf die Silhouette der Stadt bietet sich von der Plattform des klassizistischen Monopterus.

Von der Brücke rechts neben dem Haus der Kunst kann das dicht gedrängte Publikum die Riversurfer bei jedem Wetter bei ihrem Ritt auf der stehenden Welle beobachten. Und wer an einer japanischen Teezeremonie teilnehmen möchte, kann dies während der Sommermonate an jedem zweiten und vierten Wochenende im japanischen Teehaus unterhalb der Rückfront des Hauses der Kunst tun (www.urasenke.de).

Justizpalast ➡ K6
Elisenstr. 1a, S1–8, U4/5, Tram 16/17/19/20: Karlsplatz (Stachus)
Der schlossähnliche Monumen-

Biergarten unter blühenden Kastanien am Chinesischen Turm im Englischen Garten

talbau am Stachus wurde nach Plänen von Friedrich von Thiersch 1897 gebaut und gilt in Fachkreisen mit seiner verschwenderischen Innenausstattung als eine der bedeutendsten Architekturschöpfungen der Gründerzeit. Nach mehrfachen Zerstörungen während des Zweiten Weltkriegs wurde auch dieser Repräsentationsbau von bewusst geplanter, einschüchternder Größe mit viel Liebe zum Detail zum 850. Stadtjubiläum aufwendig restauriert. Zu den sehenswerten Details zählt die mächtige Glas-Eisen-Kuppel, bekrönt von einer grazilen Justitia. Von monumentalen Ausmaßen ist die riesige Zentralhalle unter der 66 m hohen Kuppel mit ihrer prächtigen Treppenanlage, auf die man unbedingt einen Blick werfen sollte.

Kammerspiele ➡ L9
Maximilianstr. 26–28
Tram 19: Kammerspiele
Das einzige Jugendstiltheater Deutschlands kann nur im Rahmen einer Vorstellung besichtigt werden. Ab 1900 entstand dieses architektonische Kleinod mit der damals modernsten Bühnentechnik nach Entwürfen von Richard Riemerschmid. Der festliche, in warmem Rot gehaltene Zuschauerraum wird von einer lichtgrünen Decke überwölbt, die durch ihre kleinteilige Ornamentierung und die zahllosen tropfenförmigen Lichtquellen dem Raum die für die Zeit so typische Beschwingtheit verleiht. Ein Bummel durch die Foyers, Garderobengänge und die Kassenhalle während der Pause ist unbedingt zu empfehlen.

Königsplatz ➡ J6
U2: Königsplatz
Mit dem Bau der großartigen Platzanlage betraut Ludwig I. schon als Kronprinz seinen späteren Lieblingsarchitekten, den Niedersachsen Leo von Klenze,

den er 1816 nach München kommen lässt. Zwei Jahre später kürt er ihn zum Hofbauintendanten und gleichzeitig zum Oberbaurat im Staatsministerium. Als Erstes wird die **Glyptothek** für die erst 1811 ausgegrabenen Giebelfiguren von der Insel Ägina hochgezogen. 1838 folgt das Gegenstück, die **Staatliche Antikensammlung**, an der Südseite des Platzes. Mit den **Propyläen** setzt der Monarch der bayerischen Armee im griechischen Freiheitskampf und seinem Sohn König Otto von Griechenland ein Denkmal.

Die Nationalsozialisten gestalteten den Platz radikal um: Sie belegten die begrünte Fläche vollständig mit zentnerschweren Platten und nutzten den Ort für ihre Massenaufmärsche. Beiderseits der Zufahrt von der Luisenstraße wurden die Ehrentempel für die Toten des Marsches auf die Feldherrnhalle errichtet, die dann 1947 von den Alliierten gesprengt wurden. Jahrzehntelang waren die vom Unkraut überwucherten Fundamente deutlich auszumachen. Nun steht direkt daneben das **NS-Dokumentationszentrum** (vgl. S. 34 f.), das am 30. April 2015 eröffnet wurde.

Ludwig-Maximilians-Universität ➡ G/H9
Geschwister-Scholl-Platz 1
U3/6: Universität
Den Bauauftrag für diesen dreiflügeligen Komplex erteilt König Ludwig I. Friedrich von Gärtner. Der Grundstein zur LMU, seit 2006 Elite-Universität, wurde 1835 gelegt. Sehenswert ist der riesige Lichthof, der durch die Aktion der Geschwister Scholl weit über die Grenzen Münchens Berühmtheit erlangte. Von der Galerie warfen sie 1943 die Flugblätter.

Müller'sches Volksbad ➡ M10
Rosenheimer Str. 1
S1–8, Tram 16: Deutsches Museum,

Säulenblick auf den Königsplatz

Tram 18: Isartor
www.swm.de
Große Halle: Mo 7.30–17, Di–So 7.30–23 Uhr
Das Jugendstilbad mit Turm und Kuppel gegenüber dem Deutschen Museum ist nach wie vor eines der schönsten Hallenbäder Europas. Nach den Plänen des Architekten Karl Hocheder gebaut, finanzierte der Ingenieur Karl Müller diesen Wellnesspalast, wie man heute zu sagen pflegt, und schenkte ihn 1901 den Bürgern der Stadt. Mit seiner Schwimmhalle unter dem großartigen Tonnengewölbe, dem irisch-römischen Schwitzbad, den im Original erhaltenen Umkleidekabinen aus Holz und seinen herrlichen Jugendstillampen ist das Bad ein seltenes Juwel seiner Zeit und eine großartige Sehenswürdigkeit.

⑩ Olympiapark ➡ A/B3/4
U3: Olympiazentrum, Tram 20: Olympiapark West, Bus 173: Olympiapark-Eisstadion
www.olympiapark-muenchen.de
Die XX. Olympischen Spiele im Jahr 1972 bescherten der Stadt nicht nur die erste U-Bahn-Linie, sondern auch die immer noch faszinierende, schwerelose Zeltdachkonstruktion. Die weitläufige Sport- und Erlebnisstätte entstand auf dem einstigen Exerziergelände am Rand eines Schuttbergs, der dort nach dem Zweiten Weltkrieg aufgetürmt wurde. Mit der Acryl-Glas-Konstruktion, die sich über drei Sportstätten schwingt, gelang dem Architektenteam Behnisch und Partner ein Wurf, der noch heute Maßstäbe setzt.

④ Residenz ➡ K8/9
Max-Joseph-Platz 3
U3–6, Bus 100: Odeonsplatz, Tram 19: Nationaltheater
✆ (089) 29 06 71
www.residenz-muenchen.de
April–Mitte Okt. tägl. 9–18, Mitte Okt.–März 10–16 Uhr
Kombikarte Museen und Schatzkammer € 11/9, mit Cuvilliés-Theater € 13/10,50
Zu besichtigen sind sämtliche

Das Antiquarium der Münchner Residenz

Prunkräume der Residenz aus der Zeit der Renaissance, des Rokoko und des Klassizismus. Bedingt durch die Vielzahl der Räumlichkeiten sind bis und ab 13.30 Uhr unterschiedliche Raumfluchten geöffnet. Das Antiquarium ist ganztägig zu besichtigen.

Bis 13.30 Uhr: Ahnengalerie, Schwarzer Saal, Schlachtensäle, Europäisches Porzellan, Kurfürstenzimmer, Charlottenzimmer, Trierzimmer, Reiche Zimmer, Grüne Galerie, Päpstliche Zimmer und Nibelungensäle.

Ab 13.30 Uhr: Ahnengalerie, Porzellan des 18. Jh., Hofkapelle, Paramentenkammern, Reliquienkammer, Reiche Zimmer, Reiche Kapelle, Grüne Galerie, Päpstliche Zimmer, Silberkammer, Steinzimmer, Kaiser- und Vierschimmelsaal, Königszimmer, Nibelungensäle.

Schatzkammer
Öffnungszeiten und Eintritt vgl. Residenz
Ausgestellt sind Kronen und Juwelen sowie außergewöhnliche Arbeiten des Goldschmiedehandwerks aus zehn Jahrhunderten.

Nach der Zerstörung im Zweiten Weltkrieg und ihrem Wiederaufbau besteht die Residenz aus zehn Höfen und 130 Räumen sowie der ❽ **Allerheiligen-Hofkirche** und dem herrlichen Cuvilliés-Theater. Anlässlich großer Staatsempfänge werden einige Räumlichkeiten, wie das Theater oder das Antiquarium, zu Repräsentationszwecken genutzt.

Durch den großen Torbogen am Max-Joseph-Platz betritt der Besucher den südlichen Trakt des großes Komplexes. Die baufreudigen Wittelsbacher sind von jeher dafür bekannt, dass sie die jeweils berühmtesten Künstler ihrer Epoche für ihre Bauten verpflichteten. So entstand hier im Laufe der Jahrhunderte während der sechs großen Bauphasen ein architektonisches Gesamtkunstwerk von europäischem Rang, in dem von der Renaissance bis zum kühlen Klassizismus alle Stilrichtungen vertreten sind. Ohne Einschränkung darf der Wiederaufbau der Palastanlage als ein Wunder der

Nachkriegszeit bezeichnet werden. Als Glücksfall erweist sich der Umstand, dass vor der Auslagerung vieler kostbarer Teile der Innenausstattung während des Krieges eine lückenlose fotografische Bestandsaufnahme der Raumfluchten angefertigt wurde. Und so waren es genau diese Fotos, die zusammen mit den historischen Bauplänen aller Bauphasen das Mammutunternehmen Wiederaufbau nach dem Zweiten Weltkrieg möglich machten.

Wer alle Räume der innerstädtischen Schlossanlage mit etwas Muße besichtigen will, sollte einen Tag einplanen.

Ende des 14. Jh. verlegten die Wittelsbacher ihren Wohnsitz vom Alten Hof in die sogenannte Neuveste, eine ganz normale mittelalterliche Wehranlage durchschnittlicher Größe, umgeben von einem Wassergraben, an der äußersten Nordost-Ecke der heutigen Anlage. Die Grundrisslinien dieses ersten Baus sind noch im Apothekerhof zu sehen. Erst 200 Jahre später gibt der kunstbesessene Herzog Albrecht V. das damals freistehende Antiquarium für seine Privatsammlungen in Auftrag. Mit einer Länge von 69 m entsteht der bedeutendste Profanbau der Renaissance in Deutschland, der zudem der erste Museumsbau nördlich der Alpen ist.

Als Nächster verausgabt sich Albrechts Sohn, Herzog Wilhelm V., ab 1580 mit Zusatzbauten wie dem Witwen- und Erbprinzentrakt sowie einem Ballsaal, dem Schwarzen Saal und dem Grottenhof.

Maximilian I., der Sohn Wilhelms V., lässt als erster Wittelsbacher Kurfürst mit ausreichend finanziellen Mitteln trotz des Dreißigjährigen Kriegs in großem Stil weiterbauen. Entlang der Residenzstraße entsteht die eindrucksvolle Schauseite der Palastanlage. Hinzu kommen Kaiserhof, Residenzturm und Apothekerhof.

Die vierte Bauphase unter Karl Albrecht (1726–45) und Max III.

Stilvoll: zur »Blauen Stunde« im Kaiserhof der Residenz

Venus im Gartenparterre von Schloss Nymphenburg

❻ Schloss Nymphenburg
➡ bB/bC3/4
Tram 17: Schloss Nymphenburg
℗ (089) 17 90 80
www.schloss-nymphenburg.de
April–Mitte Okt. tägl. 9–18, Mitte Okt.–März 10–16 Uhr
Eintritt € 11,50/9 (inklusive Parkburgen, Marstallmuseum)

Marstallmuseum
Im Südflügel von Schloss Nymphenburg
Eintritt € 4,50/3,50 (inklusive Porzellan-Sammlung), bis 18 J. frei
In der ehemaligen Hofwagenburg der Kurfürsten und Könige stehen Prunkkarossen und Schlitten. Zu sehen ist auch die Bildergalerie der schönsten Pferde König Ludwigs II.

Nymphenburger Porzellan-Sammlung
Im Obergeschoss des Marstallmuseums
Die umfangreiche Ausstellung dokumentiert die lückenlose Produktion der Nymphenburger Porzellanmanufaktur von 1747 bis in die 1920er Jahre.

Joseph (1745–77) wird nach dem Abriss der letzten Reste der Alten Burg von weiteren Erweiterungsbauten wie den Reichen Zimmern, der Grünen Galerie und dem berühmten Cuvilliés-Theater gekennzeichnet. Die ebenerdige Ahnengalerie und vor allem die Grüne Galerie sowie das Cuvilliés-Theater gelten neben Schloss Amalienburg im Nymphenburger Park weltweit als unübertroffene Meisterwerke der überwältigenden Schöpfungskraft des François de Cuvilliés.

Nach dem überschwänglichen Formenreichtum des Rokoko hält mit der fünften und letzten Bauphase im 19. Jh. unter König Ludwig I. der kühle Klassizismus Einzug in die Residenz. Es entstehen u. a. das Nationaltheater, die Allerheiligen-Hofkirche und der Königsbau mit den Nibelungensälen.

Schnurgerade verläuft der Nymphenburger Kanal auf den Zentralbau der einstigen Sommerresidenz der Wittelsbacher zu. Kurfürst Ferdinand Maria dankte mit diesem Barockbau seiner Frau Henriette Adelaide 1662 für die Geburt des lang ersehnten Thronerben. Im Laufe der Jahrhunderte fügten dann Generationen von Wittelsbachern an den filigran wirkenden Mitteltrakt Galeriebauten und die über Eck gestaffelten Pavillons hinzu. Die Schaufront zur Stadt hin öffnet sich zu einem Ehrenhof mit einem aus Kavaliershäusern bestehenden Halbrund. Eine zweiläufige Treppenanlage führt vom Ehrenhof direkt in den Steinernen Saal, für dessen Architektur Enrico Zuccalli und Joseph Effner verantwortlich zeichnen. Für das heitere Deckenfresko –

eine Allegorie der glücklichen Ehe Max III. Joseph mit Maria Anna Sophie von Sachsen – stieg der schon 76-jährige Johann Baptiste Zimmermann noch einmal auf die Leiter. Zu den bekanntesten Sehenswürdigkeiten zählt die »Schönheitsgalerie« Ludwigs I. 36 Frauen aus Aristokratie und Bürgertum schickte der königliche Schwerenöter seinem Hofmaler Joseph Stieler ins Atelier.

Der Spaziergang durch den rund 200 ha großen Park ist obligatorisch. Zu den aus kunsthistorischer Sicht überragenden Bauwerken zählt die ✦ **Amalienburg**. Die zartrosa *Maison de plaisance* liegt versteckt im englischen Teil des Parks. Sie ist ein Geschenk des Kurfürsten Karl Albrecht an seine Frau Maria Amalie. Mit diesem Rokoko-Kunstwerk von europäischem Rang erschuf François de Cuvilliés 1734 nach den Reichen Zimmern und dem nach ihm benannten Theater ein weiteres Denkmal seiner Unsterblichkeit. In der Badenburg, nur wenige Schritte von der Amalienburg entfernt, sollen die »Hoheiten« ab 1718 unter den Augen der Zuschauer auf der Galerie ihren leicht frivolen Badefreuden gefrönt haben. Auf der gleichen Höhe, nur auf der anderen Seite des Parks, steht die Pagodenburg. Sie wurde wie die Badenburg zwischen 1716 und 1719 nach den Plänen von Joseph Effner gebaut. Die Wände des Gartenpavillons sind mit kostbaren holländischen Kacheln versehen.

SeaLife München
Vgl. S. 76.

Siegestor → G9
Leopoldstr., U3/6: Universität
Zu Ehren des bayerischen Heeres betraut Ludwig I. seinen Lieblingsarchitekten Friedrich von Gärtner mit dem Entwurf zu diesem Triumphbogen nach dem Vorbild des Konstantinsbogens in Rom.

Die Bavaria in der Löwenquadriga wurde erst 1852 hinzugefügt.

Tierpark Hellabrunn → aE4
Tierparkstr. 30
U3, Bus 135: Thalkirchen
☎ (089) 62 50 80
www.tierpark-hellabrunn.de
April–Sept. 8–18, Okt.–März 9–17 Uhr, Eintritt € 14/5 (4–14 J.)
Der Münchner Tierpark wurde 1911 eröffnet. Er liegt im Landschaftsschutzgebiet der Isarauen. Zu den architektonischen, denkmalgeschützten Attraktionen zählen u. a. das Elefantenhaus aus dem Jahr 1913 und die Großvoliere unter dem UV-transparenten Dach.

Bis 2020 findet ein großes Umbauprojekt statt. Im Zuge dieser Maßnahme wird der erste Geo-Zoo weltweit entstehen. Besucher erleben dann bei ihrem Rundgang durch die gesamte Anlage die Tierwelt aller fünf Kontinente. ■

Lemuren im Tierpark Hellabrunn

Übernachten

Wer sich jede Menge Stress ersparen will, sollte sich auf jeden Fall rechtzeitig um seine Unterkunft in der bayerischen Landeshauptstadt bemühen. Und wer einen Besuch während des Oktoberfestes plant, muss dies sowieso Monate im Voraus tun. In den letzten Jahren haben eine Reihe nicht gerade preisgünstiger Hotels in der Nähe des Bahnhofs ihre Türen geöffnet. Auch wenn die Bayerstraße zwischen dem Hauptbahnhof und dem Karlsplatz (Stachus) nicht als Edelmeile bezeichnet werden kann, ist man in wenigen Minuten zu Fuß im Zentrum. In den Stadtteilen Schwabing, Haidhausen oder Glockenbach dominieren kleine Hotels/Pensionen.

Die angegebenen Preiskategorien gelten für ein Doppelzimmer im Zentrum.

€   – 90 bis 160 Euro
€€   – 160 bis 220 Euro
€€€ – 220 bis 330 Euro und
         mehr

Bayerischer Hof ➜ K7/8
Promenadeplatz 2–6, Innenstadt
Tram 19: Theatinerstraße
☏ (089) 21 20-0
www.bayerischerhof.de

Atrium im Hotel Bayerischer Hof

Spitzenhotel in zentraler Innenstadtlage. Das Haus bietet nicht nur seinen weltweit prominenten Gästen allen nur denkbaren Komfort. €€€

Fleming's ➜ K5
Bayerstr. 47, Innenstadt
S1–8, U1/2/4/5: Hauptbahnhof
☏ (089) 444 46 60
www.flemings-hotels.com
Das 4-Sterne-Hotel liegt schräg gegenüber vom Bahnhof und nur wenige Minuten vom Zentrum entfernt. Das Hotel verwöhnt seine Gäste mit einer hochwertigen Ausstattung von innovativer Eleganz und einer wohltuend, gediegenen Atmosphäre. €€€

Hotel an der Oper ➜ K/L9
Falkenturmstr. 10, Innenstadt
Tram 19: Nationaltheater oder Kammerspiele
☏ (089) 89 65 88 79
www.hotelanderoper.com
Mitten im historischen Zentrum gelegen, kann man von dem re-

Die mächtige »Bavaria« oberhalb der Theresienwiese

lativ kleinen, noblen Hotel aus den gesamten Stadtkern zu Fuß erlaufen. €€€

Hotel Drei Löwen ➜ L6
Schillerstr. 8, Innenstadt
S1–8, U1/2/4/5: Hauptbahnhof
☏ (089) 55 10 40
www.hotel3loewen.de
Das Traditionshotel in unmittelbarer Nähe des Hauptbahnhofs liegt nicht unbedingt in der feinsten Gegend, gehört aber zu den komfortabelsten Häusern der Stadt. Alle Sehenswürdigkeiten lassen sich bequem zu Fuß erreichen. €€€

Hotel Exquisit ➜ M6
Pettenkoferstr. 3, Glockenbachviertel, U1–3/6/7, Tram 27: Sendlinger Tor
☏ (089) 551 99 00
www.hotel-exquisit.com
Das kleine Hotel darf zu Recht als ein Kleinod bezeichnet werden. Es liegt in unmittelbarer Nähe des Sendlinger-Tor-Platzes.
€€€

das HOTEL in München ➜ H8
Türkenstr. 35, Schwabing

Tram 27: Pinakotheken
☏ (089) 288 14 00
www.das-hotel-in-muenchen.de
An der Grenze zwischen Innenstadt und Schwabing ist dieses Haus die richtige Adresse für all jene, die Wert auf kurze Wege zu den Pinakotheken und einen kurzen Spaziergang zu den Hauptsehenswürdigkeiten der Stadt legen. €€

Hotel am Markt ➜ L8
Heiliggeiststr. 6, Innenstadt
S1–8, U3/6: Marienplatz
☏ (089) 22 50 14
www.hotel-am-markt.eu
Hotel Garni direkt am Viktualienmarkt. Geboten werden eher schlicht eingerichtete Zimmer in einem gepflegten alten Stadthaus mit viel Geschichte. Von hier sind es nur drei Minuten bis zum Marienplatz. €€

Hotel Isartor ➜ M9
Baaderstr. 2–4, Innenstadt
S1–8, Tram 16/18: Isartor
☏ (089) 216 33 40
www.hotel-isartor.de
Sowohl das Deutsche Museum als auch der Marienplatz sind

Das berühmte Glockenspiel im Turm des Neuen Rathauses

von diesem zentral gelegenen modernen Stadthotel gut zu Fuß zu erreichen. €€

Hotel Uhland ➡ M4/5
Uhlandstr. 1, Westend
U4/5: Theresienwiese
✆ (089) 54 33 50
www.hotel-uhland.de
Ein kleines, komfortables Hotel direkt oberhalb der Theresienwiese. Für Stadtausflüge bietet sich die U-Bahn an, die nur wenige Schritte vom Haus entfernt ist. €€

New Orly ➡ westl. H3
Gabrielenstr. 6, Neuhausen
U1: Maillingerstraße
✆ (089) 12 10 60
www.hotel-orly.de
Das Hotel liegt etwas m Abseits und dennoch sehr verkehrsgünstig (U-Bahn) parallel zur Nymphenburger Straße und bietet sich somit auch als geeigneter Ausgangspunkt für Stadtbesichtigungen an. €€

Pension Carolin ➡ G9
Kaulbachstr. 42, Schwabing
U3–6: Universität
✆ (089) 34 57 57
www.pension-carolin.com
Die komfortable Pension liegt in Schwabing im Rücken der Universität, also mitten im lebendigen, jungen Viertel mit Tradition und einer großen Vergangenheit. Sowohl zum Englischen Garten, zum Museumsviertel, aber auch zur Innenstadt kann, wer will, zu Fuß laufen. €€

Mariandl ➡ M5
Goethestr. 51, Ludwigsvorstadt
U3/6: Goetheplatz, Bus 58: Beethovenplatz
✆ (089) 55 29 10-0
www.mariandl.com
Ein kleines, liebenswertes also ganz besonderes Hotel mit hauseigenem Café und Restaurant. Die mit Antiquitäten eingerichteten Zimmer bieten ihren Gästen ein ganz besonders Flair. An Wochenenden kann man hier bis 16 Uhr frühstücken und das ständig wechselnde Musikprogramm (viel Jazz, aber auch Klassik) lockt seit Jahren ein enthusiastisches Stammpublikum. €–€€

Motel One ➡ M7
Herzog-Wilhelm-Str. 28, Altstadt
U1–3/6, Tram 27: Send inger Tor
✆ (089) 51 77 72 50
www.motel-one.com
Im fußgängerfreundlichen Zentrum gelegen bietet das Haus den nötigen Komfort für einen bezahlbaren Stadturlaub. Am Abend lässt sich der Besuch in einem der bekannten Theater oder einem der zahlreicher Lokale mit einem gemütlichen Spaziergang verbinden. €

Pension Gärtnerplatz ➡ M/N8
Klenzestr. 45
Gärtnerplatzviertel
U1/2: Fraunhoferstraße
✆ (089) 202 51 70
www.pensiongaertnerplatz.de
Die Szenekneipen des Glockenbachviertels liegen gleich um die Ecke. Jedes der eher kleinen Zimmer ist individuell mit einem leichten Hang zum etwas gewöhnungsbedürftigen, gepflegten Retrolook eingerichtet. €

Bed & Breakfast
www.bedandbreakfast.de/muen chen
Unter dieser Webadresse finden Sie Appartements und Ferienwohnungen ab zwei Tagen zu zivilen Preisen.

Campingplatz am Langwieder See ➡ aB2
Eschenriederstr. 119
✆ (089) 864 15 66
www.camping-langwieder-see.de
Ganzjährig geöffnet
Der idyllische Campingplatz liegt direkt am Langwieder See. ∎

Essen und Trinken
Restaurants, Cafés, Brauhäuser, Biergärten

Bayern ist bekannt für seine deftige Küche. Natürlich wird auch hier nicht überall der Knödel in Handarbeit hergestellt und der geliebte Schweinsbraten gart häufig auch nicht mehr stundenlang im »Rohr«, sondern wird vorgefertigt fix in die Mikrowelle geschoben. Dennoch, wer es bodenständig mag, ist mit einem Besuch in einer der großen Traditionsgaststätten gut beraten.

Neben der bodenständigen bayerischen Küche unterschiedlichster Kategorie verwöhnen Spitzenköche der Edellokale ihre Gäste mit den ausgefallensten Kreationen. Und großer Beliebtheit erfreuen sich hier genauso wie anderswo die Lokale, die mit landestypischen Gerichten der Region punkten.

Zu den beliebtesten Einrichtungen der Stadt zählen während der warmen Jahreszeit ohne Frage die Biergärten. Statt zu Hause auf dem Balkon zu Abend zu essen, packt man die »Schmankerl« inklusive Geschirr und Tischtuch in den Korb und begibt sich an einen der Tische unter mächtigen Kastanien. Vor Ort besorgt man sich dann nur noch ein Bier. Wer es einfacher haben will, kann sich selbstverständlich auch an einem der Verkaufsstände eine typische Brotzeit zu meist überhöhten Preisen selbst zusammenstellen.

> Die folgenden Preiskategorien gelten jeweils für ein Hauptgericht ohne Getränk. Viele Restaurants bieten um die Mittagszeit Sonderpreise an.
>
> € – bis 15 Euro
> €€ – 15 bis 30 Euro
> €€€ – 30 bis 60 Euro und mehr

Restaurants, Cafés

Innenstadt:

Orlandohaus ➡ L9
Platzl 4, Tram 19: Kammerspiele
℡ (089) 21 66 90-330
www.schuhbeck.de
Tägl. 11.30–23 (Frühstück ab 9) Uhr
Schuhbecks Bistro-Café in unmittelbarer Nähe des Hofbräuhauses ist nicht wirklich preiswert aber dafür exzellent. Warum den Tag nicht hier mit einem Frühstück starten? Haus und Gastraum allein sind schon eine Sehenswürdigkeit. €€

Pfälzer Residenz Weinstube ➡ K8
Residenzstr. 1

Willkommen im Bier-Himmel: Trachtler im Biergarten

Von Weißwürsten und anderen Schmankerln

Ausgezogne	–	Tellergroße Hefeteigscheiben, die schwimmend in Öl ausgebacken werden und mit Puderzucker bestreut zum Nachtisch oder zum Kaffee serviert werden
Blaukraut	–	Rotkohl
Brezen	–	Brezel
Dampfnudeln	–	Faustgroße Hefeknödel, die in Milch und Butter gedämpft werden und mit Vanillesauce auf den Tisch kommen
Datschi	–	Hefe- oder Mürbeteigblechkuchen, dicht belegt mit Zwetschgen (Pflaumen)
Fleischpflanzerl	–	Frikadelle, Bulette
Haxn	–	gebratene Schweinshaxe
Kaisersemmel	–	sechsfach eingeschnittenes Brötchen
Krautwickel	–	Kohlroulade
Leberkäs	–	Er besteht zu gleichen Teilen aus fein zerkleinertem Schweine- und Kalbfleisch und wird mit Eiern, etwas Mehl und Gewürzen in einer Form gebacken.
Obazter	–	Brotaufstrich aus einer Mischung aus Camembert, Butter, Kümmel, Paprika und gehackten Zwiebeln
Presssack	–	Schwartenmagen mit Essig und Öl
Radi	–	Rettich. Er gehört unbedingt in den Korb für den Biergarten. Könner schneiden ihn mit dem Messer zu einer Spirale, die dann kräftig mit Salz bestreut wird. Er wird »weinend« gegessen.
Radlermaß	–	Bier mit Zitronenlimonade
Reiberdatschi	–	Kartoffelpuffer
Russn	–	Weizenbier mit weißer Zitronenlimonade
Schwammerl	–	Pilze
Steckerlfisch	–	Auf einem Stock aufgespießte, über Holzkohle gebratene Makrelen
Tellerfleisch	–	Die Qualität dieses Gerichts gilt als Visitenkarte eines Lokals: Zartes Rindfleisch, in einer kräftigen Brühe weich gekocht, wird auf einem Holzteller mit Meerrettich und scharfem Senf serviert.
Wammerl	–	Frisches, geräuchertes, fettes Bauchfleisch, kommt meistens mit Kraut und Knödel auf den Tisch
Weißwurst	–	Sie wird aus frischem Kalbsbrät, Speck und Petersilie hergestellt und mit Brezen und süßem Senf serviert.

Weißwurst, serviert mit süßem Senf

U3–6: Odeonsplatz, Tram 19: Nationaltheater, ☏ (089) 22 56 28 www.pfaelzerweinstube.de
Tägl. 10.30–0.30 Uhr
Eines der bekannten Traditionslokale der Stadt. Hier treffen sich unter den hohen Gewölben ambitionierte Weintrinker und Liebhaber der pfälzischen Küche. Im Sommer reihen sich die Tische die Straße entlang und bieten dem Gast einen Logenplatz gegenüber der Theatinerkirche. €€

Kulisse ➡ L9
Maximilianstr. 26
Tram 19: Kammerspiele
☏ (089) 29 47 28
www.kulisse-restaurant.de
Mo–Sa 8.30–1, So 17–1 Uhr
Man trifft sich vor und nach den Vorstellungen in den Kammerspielen im selben Haus zu einer kleinen Mahlzeit. Es empfiehlt sich auf jeden Fall, rechtzeitig einen Tisch zu bestellen. Tagsüber lässt sich je nach Jahreszeit vor oder hinter den großen Scheiben genüsslich das Treiben auf Münchens Prachtboulevard beobachten. €–€€

Park Café ➡ K6
Sophienstr. 7
S1–8, U4/5, Tram 16–21/27: Karlsplatz (Stachus), ☏ (089) 51 61 79 80
www.parkcafe089.de
Mo–Do 11–1, Sa/So/Fei 10–24 Uhr
Nur wenige Schritte vom Stachus entfernt liegt am Rand des alten Botanischen Gartens dieses stilvolle Gartenlokal, das sich vor allem an warmen Tagen für eine entspannende Pause bei Kaffee und Kuchen oder einem herzhaften Imbiss anbietet. €–€€

Café Maelu ➡ K8
Theatinerstr. 32
U3–6: Odeonsplatz, Tram 19: Nationaltheater
☏ (089) 850 13 26, www.maelu.de
Mo–Fr 10–19, Sa 10.30–19, So 13–18 Uhr
Diese Confiserie hat es geschafft, in Münchner Institution zu werden. Das junge Team zaubert mit professionellem Einsatz himmlische Kreationen, die alle Diätpläne zunichte machen. Der Laden bietet seinen Kunden neben Törtchen und ausgewachsenen Torten göttliche Pralinen, die nicht nur gut schmecken, sondern auch toll aussehen. €

Schwabing:

Bar Giornale ➡ G9
Leopoldstr. 7, U3/6: Giselastraße
☏ (089) 33 20 00
www.bar-giornale.de
Mo–Do 8–1, Fr/Sa 8–2, So 9–24 Uhr
So etwas wie eine Offenbarung inmitten des allgemeinen Einheitsangebots entlang der Leopoldstraße. Der Raum im Lounge-Stil lädt zu einem gemütlichen Gespräch mit Freunden. Im Som-

Auch einen Besuch wert: das Café in der Glyptothek

mer lockt die geräumige Terrasse. Kleine exzellente, wechselnde Karte. €–€€

Café Reitschule ➡ F10
Königinstr. 34, U3/6: Gisэlastraße
✆ (089) 388 87 60
www.cafe-reitschule.de
Tägl. 9–1 Uhr
An Wochenenden wird es an und in diesem Szenelokal verflixt eng, der Lärmpegel ist heftig, was aber der Beliebtheit nicht schadet. €–€€

Il Mulino ➡ G7
Görresstr. 1, U2: Josephsplatz
✆ (089) 523 33 35
www.ristorante-ilmulino.de
Tägl. 11.30–24 Uhr
Der Szene-Schwabinger gegenüber dem verwunschenen Alten Nördlichen Friedhof liegt etwas abseits, ist aber mittags und abends immer gut besucht. Antipasti, Pasta, Pizza, Pesce vom Feinsten; die Karte ist streng italienisch. €–€€

Kalypso ➡ F7
Agnesstr. 8, U2: Josephsplatz, Tram 27: Elisabethplatz
✆ (089) 20 03 86 36
www.kalypso.de, tägl. ab 17 Uhr
Der Grieche um die Ecke punktet mit exzellenten Fischgerichten und außergewöhnlicher Weinkarte. Beliebtes Stammlokal gut situierter Schwabinger. €–€€

Café in der Glyptothek ➡ J6
Königsplatz 3
U2, Bus 100: Königsplatz, Tram 27: Karolinenplatz
✆ (089) 28 80 83 80
Tägl. außer Mo 10–17 Uhr
Das ganz besondere Museumscafé. Wirklich einmalig ist die Atmosphäre im stillen Innenhof während der warmen Jahreszeit. Die ersten sonnigen Frühlingstage unter azurblauem Föhnhimmel lassen durchaus Vergleiche mit Griechenland zu. €

Schelling-Salon ➡ G8
Schellingstr. 54
Tram 27: Schellingstraße
✆ (089) 272 07 88
www.schelling-salon.de
Mo, Do–So 10–1 Uhr, im Sommer geschl. (vgl. Internet)
Für viele war und ist diese Traditionswirtschaft mit ihren Billardtischen und der bodenständigen bayerischen Küche ein zweites Zuhause. Auf dem langen, häufig beschwerlichen Weg zum Ruhm verkehrten hier in ihren jungen Jahren z.B. Lenin, Brecht, Rilke, Ibsen, Kandinsky, Marc, Ringelnatz und viel später auch Fassbinder. €

Haidhausen:

Celebrita ➡ M11
Wiener Platz 4
U4/5, Tram 15/16/19/25: Max-Weber-Platz, Tram 16: Wiener Platz
✆ (089) 48 00 46 23
www.ristorante-celebrita.com
Tägl. 10–22 Uhr
In einem der letzten geduckten ehemaligen Arbeiterhäuschen wurde dieses gemütliche, kleine Lokal eingerichtet. Im Sommer sitzt man vor der Tür im Schatten großer Sonnenschirme. Die Küche verwöhnt den Gast mit delikaten, leichten Gerichten. Auch ideal zum Frühstück. €–€€

Zum Kloster ➡ aD5
Preysingstr. 77
U4/5: Max-Weber-Platz
✆ (089) 447 05 64
Tägl. 10–1 Uhr
Kaum zu glauben, dass so ein Wirtshaus mit knarzenden Dielen noch mitten in Haidhausen steht! Nichts ist aufgehübscht, nichts dem Zeitgest angepasst. Die Nachbarschaft liebt es und kommt mit Kind und Kegel. Die Küche ist bodenständig lecker. Ein Traum im Frühling unter blühenden Bäumen, Tische und Stühle stehen auf verkehrsberuhigtem Kopfsteinpflaster. €–€€

Glockenbachviertel:

Fraunhofer ➡ M/N7
Fraunhoferstr. 9
U1/2: Fraunhoferstraße, Tram
16–18: Müllerstraße
Lokal: ℂ (089) 26 64 60
Theater: ℂ (089) 26 78 50
www.fraunhofertheater.de
Tägl. 16.30–1, Sa 11–1, So 10–1 Uhr
Das »Fraunhofer« ist eine Institution. Die Wirtschaft gehört zu den seltenen im Urzustand belassenen Altmünchner Traditionsgasthäusern. Abends und sonntagmorgens sitzt man hier auf Tuchfühlung mit dem Nachbarn. Auf den Teller kommen bodenständige Gerichte. Das kleine Theater im Hinterhof bietet ambitionierte Kleinkunst. €–€€

Tabula Rasa ➡ N7
Holzstr. 18
Tram 16–18: Müllerstraße
ℂ (089) 23 23 18 71
Tägl. 8–20 Uhr
Nichts passt so richtig zusammen, und genau das macht das kleine Lokal so sympathisch. Geboten wird Bio-Küche in Form von leckeren, würzigen Gemüsegerichten. Auch der Schokokuchen ist prima. €

Westend/Schwanthalerhöhe:
U4/5: Schwanthaler Höhe

Zur Schwalbe ➡ aD4
Schwanthalerstr. 149
ℂ (089) 23 23 96 65
Tägl. 18–23 Uhr
Karl Ederer, der Starkoch aus der Innenstadt, verwöhnt nun in dem Traditionsgasthof hoch oben auf der Schwanthalerhöh seine Gäste. €€

Café Westend ➡ aD4
Anglerstr. 32
ℂ (089) 50 83 41
www.cafe-westend.com
Tägl. 9–1 Uhr
Eine der angesagten Adressen des Viertels. Egal zu welcher Tageszeit, der »Laden« ist immer gut besucht. Zum Frühstück am Wochenende sollte man rechtzeitig reservieren, abends gibt es bei Kerzenschein köstliche Gerichte. €

Caffè Ristretto ➡ aD4
Kazmairstr. 30
ℂ (089) 74 38 94 03
www.cafferistretto.de
Mo–Do 7.30–20, Fr 8–17 Uhr
Bei schlechtem Wetter kann es um die Mittagszeit schon mal eng werden in dem winzigen ehemaligen Tante-Emma-Laden. Rund um die wenigen Stehtische drängeln sich dann die Liebhaber der italienischen Küche und genießen typische, kleine, immer frisch zubereitete Gerichte. €

Das Neue Kubitscheck ➡ aD4
Gollierstr. 14
ℂ (089) 72 66 92 22
www.das-neue-kubitscheck.de
Mo–Fr 9–22, Sa/So 10–22 Uhr
Leckere, selbst gebackene Kuchen, frische Sandwiches und täglich wechselnde kleine Mittagsgerichte. €

Helden ➡ aD4
Heimeranstr. 49
ℂ (089) 17 92 99 40
www.heldenspeisen.de
Mo–Fr 10–17 Uhr
Die kleine, schlicht gestylte Salatbar (wenige Tische) mitten im Westend bietet leckere Salate und kleine herzhafte Speisen wie Suppen, spanische Kartoffeltortilla, Zucchini-Feta-Tarte und andere Köstlichkeiten. €

Marais ➡ L3
Parkstr. 2
ℂ (089) 50 09 45 52
Di–Sa 8–20, So 10–18 Uhr
In der komplett erhaltenen Innenausstattung eines alten Kurzwarengeschäftes der vorletzten Jahrhundertwende sitzt man bei duftendem Kaffee und ausge-

zeichnetem Kuchen sowie kleinen Gerichten zwischen käuflichen Flohmarktartikeln. €

Wirtshaus am Bavariapark ➡ M3
Theresienhöhe 15
☎ (089) 45 21 16 91
www.wirtshaus-am-bavariapark.com
Mo–Fr 11–24, Sa/So 10–24 Uhr
Das Gasthaus liegt im Schatten mächtiger Kastanien. Die Speisekarte verspricht deftige bayerische Küche. €

Neuhausen/Nymphenburg:

Kurfürst Maximilian ➡ aC4
Waisenhausstr. 63, U1: Gern
☎ (089) 157 10 58
www.kurfuerst-maximilian.de
Tägl. 11.30–24 Uhr
Der Name verrät nicht unbedingt, dass in dem kleinen, gemütlichen Speiselokal eine ausgezeichnete italienische Küche auf den Tisch kommt. Für den Abend unbedingt einen Tisch reservieren. €€

Café Ruffini ➡ aC3
Orffstr. 22–24
Tram 12: Neuhausen
☎ (089) 16 11 60, www.ruffini.de
Tägl. außer Mo 10–24 Uhr
In der warmen Jahreszeit lässt es sich bei kleinen Gerichten, köstlichen Kuchen oder nur einem Cappuccino auf der Dachterrasse herrlich relaxen. Alternativ, ungezwungen – und ein Wohlfühlort. €

Café Sarcletti ➡ aC4
Nymphenburger Str. 155
U1: Rotkreuzplatz
☎ (089) 15 53 14
www.sarcletti.de
Tägl. 9-21 Uhr, im Sommer länger
Eisdiele mit Kultstatus. Nicht nur an heißen Sommertagen geht es hoch her. Auch wer sich mit einer dieser köstlichen Kreationen auf der Faust zufrieden gibt, muss sich geduldig in die Schlange einreihen. €

Schlosscafé im Palmenhaus ➡ bB3
Schloss Nymphenburg, Eingang 43
Tram 17: Schloss Nymphenburg
☎ (089) 17 53 09
www.palmenhaus.de
Tägl. 10–17.30 Uhr
Im Sommer wird im Rosengarten serviert, im Winter kann der Gast geschützt unter Palmen z.B. bei warmem Strudel seinen südländischen Träumen nachhängen. €

Brauhäuser

Zum Franziskaner ➡ K8
Residenzstr. 9
U3–6: Odeonsplatz, Tram 19: Nationaltheater
☎ (089) 231 81 20
www.zum-franziskaner.de
Tägl. 9–24 Uhr
In der Traditionsgaststätte gibt es schon zum Frühschoppen frische Weißwürste oder Leberkäs. €€

Augustiner Bräu ➡ L7
Neuhauser Str. 27
S1–8, U4/5, Tram 16–21/27: Karlsplatz (Stachus)
☎ (089) 23 18 32 57
www.augustiner-restaurant.com
Tägl. 10–24 Uhr
Unverfälschte oberbayerische Gasthauskultur. Das einzige Lokal der Stadt, dessen Innenausstattung original aus der Prinzregentenzeit stammt. Highlight ist in der warmen Jahreszeit der einzigartige kleine Biergarten mit italienischem Flair. €–€€

»In München steht ein Hofbräuhaus …«

❸ Hofbräuhaus ➡ L9
Platzl 9
S1–8, U3/6: Marienplatz
℡ (089) 290 13 61 00
www.hofbraeuhaus.de
Tägl. 9–23.30
Man kann München nicht verlassen, ohne im berühmtesten Wirtshaus der Welt gewesen zu sein. Dicht an dicht hocken hier die Gäste aus aller Welt auf harten Bierbänken bei der Maß. Der Lärmpegel ist sehr gewöhnungsbedürftig. Im Sommer sollte man an den Tischen im Schatten mächtiger Kastanien im wunderschönen Biergarten Platz nehmen. €

Hofbräukeller ➡ M11
Innere Wiener Str. 19, Haidhausen, Tram 16: Wiener Platz
℡ (089) 459 92 50
www.hofbraeukeller.de
Tägl. 10–24 Uhr
Klassiker wie Schweinebraten mit Knödel gibt es bei guter Qualität zu bürgerfreundlichen Preisen. Die heißgeliebte Traditionswirtschaft hoch über der Isar besitzt einen wunderschönen Biergarten unter alten Kastanien. €

Bier

Getreu dem »Münchner Reinheitsgebot«, einem Gesetz aus dem Jahr 1487, wird noch heute das Bier nach einem streng gehüteten Rezept gebraut. Es wird aus Hopfen, Wasser, Hefe und Malz hergestellt. Das klingt zunächst simpel, aber die Mischung macht's. Der Herstellungsprozess erfolgt auf natürlicher Basis, es werden also keine Konservierungsmittel verwendet. Diese Bestimmungen gelten auch für Exportbiere. Um sie transportfähig zu machen und ihre Haltbarkeit etwas zu verlängern, werden sie lediglich pasteurisiert, wobei der Gerstensaft vorsichtig erhitzt wird. Das typisch bayerische Bier besitzt eine Stammwürze von 14 Prozent, der Alkoholgehalt liegt zwischen drei und vier Prozent. Ausnahmen bilden die diversen Starkbiersorten und das speziell zum alljährlichen Oktoberfest gebraute Bier.

Weißes Bräuhaus ➡ L8/9
Tal 7
S1–8, U3/6: Marienplatz
℡ (089) 290 13 80
www.weisses-brauhaus.de
Tägl. 8–24 Uhr
Die Küche prunkt mit ehrlicher, original bayerischer Hausmannskost. Urige Gemütlichkeit in den verschiedenen Sälen. €

Biergärten

Augustiner Keller ➡ J4
Arnulfstr. 52, Nähe Hauptbahnhof, Tram 16/17: Hopfenstraße
℡ (089) 59 43 93
www.augustinerkeller.de
Tägl. 11.30–24 Uhr
Traditionsreicher Biergarten unter alten Kastanien. €€

Hirschau ➡ aC5
Gyßlingstr. 15
Englischer Garten
Bus 54/154: Chinesischer Turm
℡ (089) 36 09 04 90
www.hirschau-muenchen.de
Tägl. 11.30–23, Sa/So ab 10 Uhr
Punktet mit junger, bayerischer Küche und einem großen Spielplatz. €€

Seehaus ➡ E12
Kleinhesselohe 3
Englischer Garten
Bus 53/54/59: Seehaus
℡ (089) 381 61 30
www.kuffler-gastronomie.de
Tägl. 10–1 Uhr
Wunderschön direkt am Kleinhesseloher See gelegen. €€

Chinesischer Turm ➡ G11
Englischer Garten 3
U3/6: Giselastraße, Tram 17: Tivolistraße, Bus 54/154: Chinesischer Turm
℡ (089) 38 38 73 10
Tägl. 10–23 Uhr
Mit rund 7000 Plätzen der zweitgrößte Biergarten der Stadt und beliebter Treffpunkt. €

Hirschgarten ➡ bE5
Hirschgarten 1, Nymphenburg
S1–6/8: Hirschgarten
℡ (089) 17 99 91 19
www.hirschgarten.de
Im Sommer 11.30–24 Uhr
Mit 8000 Plätzen der größte Biergarten der Stadt. €

Löwenbräukeller ➡ H5
Nymphenburger Str. 2, Neuhausen, U1: Stiglmaierplatz
℡ (089) 54 72 66 90
www.loewenbraeukeller.com
Tägl. 11–24 Uhr
Direkt am geschäftigen Stiglmaierplatz gelegen. Oft wird ein ganzer Ochs am Spieß gegrillt. €

Nockherberg ➡ aD5
Hochstr. 77, Haidhausen
Tram 15/25/27: Ostfriedhof
℡ (089) 459 91 30
Tägl. 10–1 Uhr
Beliebter Biergarten unter Schatten spendenden Kastanien. €

Viktualienmarkt ➡ L8
Viktualienmarkt 9, Zentrum
S1–8: Marienplatz
℡ (089) 29 16 59 93
Hier kann man nach einem Bummel über den Markt auch bei einer mitgebrachten Brotzeit herrlich entspannen. € ▦

Nightlife
Discos, Clubs, Bars, Jazzclubs

Die Szene ist ständig in Bewegung und somit laufend von Veränderungen gekennzeichnet. Die brandaktuellen Adressen finden sich sowohl in der kostenlosen Zeitschrift *IN* als auch im Magazin *Prinz*. Letzteres gibt es am Kiosk zu kaufen. Weitere angesagte Adressen liegen im Glockenbachviertel. In jüngster Zeit eröffnen immer mehr Clubs und Nachtbars in Münchens Mitte. Zwischen Maximiliansplatz und entlang der Sonnenstraße liegen im Moment etliche der angesagten Adressen.

Discos, Clubs

Backstage ➡ aD4
Reitknechtstr. 6
Neuhausen
S1–4/6/8: Hirschgarten
✆ (089) 126 61 00
www.backstage.eu, tägl.
Das junge, coole Publikum liebt es laut und wummernde Bässe. Etwas Entspannung könnte der Nachtbiergarten bieten.

Bayerischer Hof Night Club ➡K7/8
Promenadeplatz 2–6
Innenstadt
Tram 19: Theatinerstraße
✆ (089) 212 07 43
www.bayerischerhof.de
Tägl. 22–3 Uhr
Absolute Edeladresse in dem bekannten Luxushotel. Zu hören sind häufig die weltbesten Bands. Die Stimmung ist wohltemperiert gepflegt, das Preis-Leistungs-Verhältnis absolut akzeptabel.

Call me Drella ➡ K7
Maximiliansplatz 5
Altstadt-Lehel
S1–8, U4/5: Karlsplatz (Stachus)
✆ (089) 57 00 49 57
www.callmedrella.de
Do–Sa 21–6 Uhr
Namensgeber des exzentrischen Clubs ist Andy Warhol, der sich selbst den Spitznamen »Drella« (zusammengesetzt aus Dracula und Cinderella) gab. Zum Konzept der verschachtelten Location auf drei Ebenen gehören die ziemlich schrill geschminkten, kostümierten Barkeeper. Auch das Publikum gibt sich ziemlich extravagant. Zu den bevorzugten Musikstilen zählt Hip-Hop.

Die Bank ➡ M7
Müllerstr. 42
Glockenbachviertel
Tram 16–18: Müllerstraße
✆ (089) 23 68 41 71
www.die-bank.com
So–Do 17–2, Fr/Sa bis 5 Uhr
Bar, Musik und Kunst. Das altersmäßig gemischte Publikum ist neugierig auf die Musik der Nachwuchsmusiker. Bekannt ist die Location für ihre flinke Bedienung.

Neuraum ➡ J4
Arnulfstr. 17, Maxvorstadt
S1–8: Hackerbrücke
✆ (089) 381 53 89 99
www.neuraum.net
Fr/Sa 22.30–5 Uhr
Ehemalige Fabrikhalle zehn Meter unter der Erde. An den Wochenenden wird es schon mal eng, wenn angesagte DJs sich die Ehre geben.

Paradiso ➡ M8
Rumfordstr, 2, Glockenbachviertel
Tram 16/18: Reichenbachplatz
✆ (089) 26 34 69
www.paradiso-tanzbar.de
Fr/Sa ab 22 Uhr
Die Location ist Legende. Mick Jagger und David Bowie waren

vor etlichen Zeiten schon hier. Die Einrichtung ist plüschig, das Alter der Gäste geht bis 30 Jahre.

Pimpernel ➡ M7
Müllerstr. 56
Glockenbachviertel
U1–3/6, Tram 16–18/27: Sendlinger Tor, ✆ (089) 23 23 71 56
www.pimpernel.de
Tägl. ab 22 Uhr
Plüschig, gay & gemischt, exzentrisch, viele Raucher.

P1 Club ➡ J10
Prinzregentenstr. 1, Bogenhausen
U4/5: Lehel, Tram 18: Nationalmuseum/Haus der Kunst
✆ (089) 211 11 40
www.p1-club.de
Tägl. außer So ab 23 Uhr
Nach wie vor gehört diese Adresse zu den Nobelclubs der Republik mit hohem VIP-Aufkommen. Es bedarf einiger Überredungskünste, um den Türsteher für sich zu gewinnen.

Bars

M1 Café Bar im BMW Museum ➡ A5
Am Olympiapark 2, U3: Olympiazentrum, U3, Tram 27: Petuelring
www.bmw-museum.de
Tipp: After-Work-Party Mi ab 18.30 Uhr, später viel junges Publikum, in den »heiligen« Hallen des Automobilherstellers.

Negroni ➡ G9
Sedanstr. 9
Haidhausen
S1–8: Rosenheimer Platz
✆ (089) 48 95 01 54
www.negronibar.de
Mo–Do 18–1, Fr/Sa bis 3 Uhr
Klassisch amerikanische Bar. Hier trinkt man gute Cocktails in angenehmer Atmosphäre.

Schumann's ➡ J8
Odeonsplatz 6 u. 7, Innenstadt

U3–6: Odeonsplatz
✆ (089) 22 90 60
www.schumanns.de
Mo–Fr 8–3, Sa/So 18–3 Uhr
Die Bar ist eine Institution. Berühmt sind nicht nur die kleinen Speisen, sondern vor allem durch die Cocktails. Seit Jahren treffen sich nicht nur die Promis beim perfekten Gastgeber Charles.

Jazzclubs

Jazzclub Unterfahrt im Einstein ➡ westl. L12
Einsteinstr. 42, Haidhausen
U4/5: Max-Weber-Platz
✆ (089) 448 27 94
www.unterfahrt.de
Big Bands aber auch kleine Ensembles stehen auf der Bühne des Traditionslokals.

Wirtshaus zum Isartal ➡ aD4
Brudermühlstr. 2
U3: Brudermühlstraße
✆ (089) 77 21 21 (ab 17 Uhr)
www.wirtshaus-zum-isartal.de
Ständig wechselnde Bands sorgen für gute Stimmung. ■

Im BMW-Museum: Café Bar M1

Kultur und Unterhaltung
Musical, Konzert, Oper, Theater, Kabarett

Zu jeder Jahreszeit verwöhnt München seine Gäste mit einem vielfältigen kulturellen Angebot. Neben den vielen Museen gibt es auch jede Menge Theater. Es sind aber nicht nur die großen Häuser mit ihren überregional beachteten Inszenierungen, sondern die zahlreichen hoch motivierten Ensembles, die immer wieder aufs Neue ihre Besucher mit großartigen Darbietungen faszinieren. Neben dem Internet informiert das offizielle Münchner Monatsprogramm (Buchhandel).

Tickets

München Ticket
– Marienplatz 8 (Tourist Information) ➧ L8
Mo–Fr 10–20, Sa 10–16 Uhr
– Bahnhofplatz 2 (im Tourismusamt) ➧ K5
☏ (089) 54 81 81 81
www.muenchenticket.de
Mo–Sa 9–20, So 10–18 Uhr

Ticket 5 vor 12 ➧ H6
Steinheilstr. 17
☏ (089) 55 05 73 80
www.ticket5vor12.de
Mo–Fr 15.30–17.30 Uhr

Zentraler Kartenvorverkauf
– Stachus, 2. Untergeschoss ➧ K6

☏ (089) 54 50 60 60
www.zkv-muenchen.de

Musical, Konzert, Oper

Deutsches Theater ➧ L6
Schwanthalerstr. 13, S1–4/6: Karlsplatz (Stachus), U4/5, Tram 16/17/19/20: Hauptbahnhof, U1–3/6–8: Sendlinger Tor
☏ (089) 55 23 44 44
www.deutsches-theater.de
Nach einer umfangreichen Sanierung des Theaters ohne eigenes Ensemble konnte der Betrieb Anfang 2014 endlich wieder aufgenommen werden.
In dem traditionsreichen Haus gastieren vor allem renommier-

Im Kulturzentrum Gasteig sind die Münchner Philharmoniker zu Hause

Inszenierung von »Dornröschen« (2013) im Staatstheater am Gärtnerplatz

te nationale und internationale Musical-Produktionen.

Gasteig ➡ M10/11

Rosenheimer Str. 5, Haidhausen
Tram 16: Am Gasteig
☎ (089) 48 09 80, www.gasteig.de
Im Kulturzentrum der Stadt sind die renommierten Münchner Philharmoniker zu Hause. Zu Gast sind auch immer wieder international bekannte Solisten und Orchester. Karten sollte man möglichst lange im Voraus bestellen.

Herkulessaal ➡ K9

Residenzstr. 1, Eingang Hofgarten
Innenstadt, U3–6: Odeonsplatz
Karten an den Vorverkaufsstellen
Der ehemalige Thronsaal König Ludwigs I. in der Residenz wird heute als eher schlichte Kulisse für Gastspiele klassischer Konzerte genutzt.

Nationaltheater (Bayerische Staatsoper) ➡ K9

Max-Joseph-Platz 2, Innenstadt
Tram 19: Nationaltheater
☎ (089) 21 85 19 20
www.staatsoper.de
Klassisches Opernrepertoire und alljährliche Opernfestspiele in den Sommermonaten. Weltweit hat sich das Haus mit seinen überragenden Inszenierungen und seinen außergewöhnlichen Solisten einen Namen gemacht. Ebenso berühmt: das Ballett, dessen Repertoire und zeitgenössisches Tanztheater mit hochkarätigen Künstlern besetzt sind.

Prinzregententheater ➡ aD5

Prinzregentenplatz 12, Bogenhausen, U4: Prinzregentenplatz
☎ (089) 21 85 28 99

Das Nationaltheater bietet ein klassisches Opernrepertoire

www.prinzregententheater.de
Das Haus hat kein eigenes Ensemble. Immer wieder treten hier national und international bekannte Künstler auf. Auf dem Spielplan stehen überragende Schauspielinszenierungen, aber auch Konzerte internationaler Stars.

Staatstheater am Gärtnerplatz
➡ M8
Gärtnerplatz 3, Glockenbachviertel, U1/2: Fraunhoferstraße
℃ (089) 21 85 19 60
www.gaertnerplatztheater.de
Das Haus punktet vor allem mit Operetten. Wegen der umfangreichen Sanierung bis voraussichtlich 2016/17 wird der Spielbetrieb auf Ausweichstandorte verlagert.

Klassisches Repertoire in zum Teil sehr eigenwilligen, gekonnten Inszenierungen neben großartigen Stücken der klassischen Moderne.

Theater im Marstall ➡ K9
Marstallplatz 5, Innenstadt
U3–6: Odeonsplatz, Tram 19: Nationaltheater
℃ (089) 21 85 01
Experimentierfreudiges Haus mit überwiegend noch unbekannteren, jungen Schauspielern. In der Regel kommen hier zeitgenössische Stücke auf die Bretter.

Volkstheater ➡ H5/6
Brienner Str. 50, Maxvorstadt
U2, Tram 20/22: Stiglmaierplatz
℃ (089) 523 46 55

Theater

Cuvilliés-Theater ➡ K9
Residenzstr. 1, Innenstadt
U3–6: Odeonsplatz
℃ (089) 21 85 19 40
Deutschlands bedeutendstes Rokokotheater wird momentan vom Bayerischen Staatsschauspiel mitbespielt.

Münchner Kammerspiele ➡ L9
Maximilianstr. 26–28, Innenstadt
Tram 19: Kammerspiele
℃ (089) 23 39 66 00, www.muenchner-kammerspiele.de
Im schönsten Jugendstiltheater der Republik sorgt ein großartiges Ensemble für atemberaubende Erlebnisse. Im dazugehörigen »Neuen Haus« (Falckenbergstr. 1) stehen die Absolventen der berühmten Otto-Falckenberg-Schule erstmals unter fachkundiger Führung auf der Bühne. Das Haus ist immer gut für Entdeckungen.

Residenztheater ➡ K9
Max-Joseph-Platz 1, Innenstadt
Tram 19: Nationaltheater
℃ (089) 21 85 20 88
www.residenztheater.de

www.muenchner-volkstheater.de
Der Name täuscht: Hier wird kein Bauerntheater geboten. Gespielt werden klassische und zeitgenössische Stücke in immer wieder überraschenden Inszenierungen.

Kabarett

Kultur im Schlachthof ➡ aD4
Zenettistr. 9, Isarvorstadt
U3/6: Poccistraße
✆ (089) 72 01 82 64
www.im-schlachthof.de
Ein Ort mit Tradition. Zu den bekanntesten Größen des Münchner Vorstadtbrettls zählte jahrelang Ottfried Fischer. Spannende, wechselnde Programme.

Lustspielhaus ➡ E10
Occamstr. 8, Schwabing
U3/6: Münchner Freiheit
✆ (089) 34 49 74
www.lustspielhaus.de
Nostalgisch angehauchtes Theater. Immer wieder Gastspiele mit Bruno Jonas, Erwin Pelzig, Luise Kinseher, Urban Priol.

Münchner Lach- und Schießgesellschaft ➡ E10/11
Ursulastr. 9, Schwabing
U3/6: Münchner Freiheit
✆ (089) 39 19 97
www.lachundschiess.de
Ohne Übertreibung darf behauptet werden, dass es sich bei diesem Haus um das berühmteste Kabarett der Republik handelt. ■

Überbordender figuraler, floraler und ornamentaler Dekor: das Cuvilliés-Theater in der Münchner Residenz

Shopping
Kaufhaus, Kulinarisches, Mode & Schmuck, Wohnaccessoires, Stoffe, Geschenke

Im Innenstadtbereich gehört die Neuhauser- bzw. Kaufingerstraße mit ihren großen Kaufhäusern zwischen Stachus (Karlsplatz) und dem Marienplatz zu den wichtigen Shoppingadressen. In der Sendlinger Straße und der nahen Hackenstraße mit ihrer Fortsetzung Josephspitalstraße gibt es in zahlreichen kleineren Spezialgeschäften viel Interessantes zu entdecken.

Maximilian-, Residenz- und Theatinerstraße, letztere mit den Passagen der »Fünf Höfe«, stehen für Eleganz und Lifestyle der Spitzenklasse. Aber auch in den einzelnen Stadtteilen wie Schwabing, dem Glockenbachviertel oder auch Haidhausen lässt sich herrlich bummeln und Geld ausgeben.

Kaufhaus

Ludwig Beck ➡ L8
Marienplatz 11, Innenstadt
S1–8, U3/6: Marienplatz
www.ludwigbeck.de
Tägl. außer So 9.30–20 Uhr
Das Edelkaufhaus direkt am Marienplatz ist eine bekannte Adresse für hochwertige Mode der bekannten Marken. Weit über die Grenzen der Stadt hat sich das Haus zudem einen Namen mit seiner außergewöhnlich gut sortierten Musikabteilung gemacht. Auf knapp 1000 m² dürfte die Wahl bei 100 000 CDs nicht immer leicht fallen. Schwerpunkte sind Klassik, Jazz und Weltmusik.

Kulinarisches

Dallmayr ➡ L8
Dienerstr. 14–15, Innenstadt
S1–8, U3/6: Marienplatz
www.dallmayr.de
Tägl. außer So 9.30–19 Uhr
Schon die Wittelsbacher ließen sich von ihrem Hoflieferanten die ausgefallensten Delikatessen liefern. Aber auch die heutige Kundschaft kann bei den unter dem Gewölbe des Traditionsgeschäfts optisch wundervoll präsentierten hochwertigen Delikatessen nur schwerlich widerstehen.

Elisabethmarkt ➡ F8
Ecke Elisabeth-/Nordendstr.
Schwabing
Tram 27: Elisabethmarkt
Mo–Fr 10–18, Sa 10–15 Uhr
Auch dieser Markt ist eine Institution im Stadtteil Schwabing. Hier treffen sich tagtäglich die Gourmets des Viertels. Der kleine, ge-

Obst-Standl auf dem Viktualienmarkt: »Obst und Gmias aus da ganz'n Weld«

Bekannt für hochwertige Delikatessen: Dallmayr

mütliche Biergarten dort ist eine
sympathische Oase.

Elly Seidl ➡ K8
Maffeistr. 1, Innenstadt
Tram 19: Theatinerstraße
www.ellyseidl.com
Mo–Fr 9–18.30, Sa 10–18 Uhr
Vor Ostern, Muttertag oder Weih-
nachten braucht man Geduld. In
dem winzigen Laden in der schicken Hochpreis-Einkaufsmeile
Münchens drängeln sich die Kunden und lassen sich die exquisiten
Pralinen in Schachteln oder sehr
viel bescheideneren Cellophan-
tütchen mit Bändchen verpacken.

Viktualienmarkt ➡ L8
Innenstadt
S1–8, U3/6: Marienplatz
Kernzeiten 7–18 Uhr
Im Schatten des Alten Peters, nur
wenige Schritte vom Marienplatz
entfernt ist der Viktualienmarkt
das Mekka der Gourmets. Besonders am Samstagvormittag trifft
man sich hier und zelebriert den
nicht gerade preiswerten Einkauf
bei einem Gläschen Sekt.

Mode und Schmuck

Bella Natura ➡ E10
Haimhauserstr. 6, Schwabing
U3/6: Münchner Freiheit

Mo–Fr 11–19, Sa 11–18 Uhr
Dass Öko nicht bieder sein muss,
zeigt das Sortiment an Kleidung
aus Naturfasern auf eindrucksvolle Weise. Außerdem gibt es
eine reichhaltige Auswahl super-
bequemer Schuhe.

Butik ➡ E9
Hohenzollernstr. 38, Schwabing
Tram 12/27: Kurfürstenplatz
Mo–Fr 11–14, 15–19, Sa 11–18 Uhr
Mode im skandinavischen Look.
Dazu eine große Auswahl feinster
Wollschals, aber auch geschmack-
vollen Modeschmucks.

Gabriele Wenzel ➡ M11
Wiener Platz 7
Haidhausen
U4/5: Max-Weber-Platz, Tram 16:
Wiener Platz
Mo–Fr 11–18, Sa 11–16 Uhr
Hier gibt es von Hand gefertigte
Mode, Accessoires und ausgefal-
len Modeschmuck aus eigener
Werkstatt.

Loden Frey ➡ K8
Maffeistr. 7, Innenstadt
Tram 19: Theatinerstraße
www.lodenfrey.de
Tägl. außer So 10–20 Uhr
Edelklamotten vom Trachtenlock
bis hin zu den großen Labels für
die ganze Familie. Man legt Wert
auf Stil und hohe Qualität.

Sehen und Gesehenwerden haben in Schwabing oberste Priorität

Milla → M11

Innere Wiener Str. 46, Haidhausen
Tram 16: Wiener Platz
Mo–Fr 10–19, Sa 10–18 Uhr
Trendsüchtige Frauen finden hier ausgefallene Schuhe und Taschen aus Italien und Spanien.

NOH NEE – Dirndl à l'Africaine → N7

Hans-Sachs-Str. 2
Glockenbachviertel
Tram 17: Müllerstraße
www.dirndlalalafricaine.com
Di–Fr 11–18.30, Sa 11–16.30 Uhr
Die beiden Designerinnen aus Kamerun haben mit ihren farbenfrohen, hinreißenden Dirndln aus afrikanischen Stoffen den großen Wurf gelandet. Es sind keine ganz preiswerten Hingucker, die sich nicht nur in Bayern zu festlichen Anlässen tragen lassen.

Silberfisch → M3

Heimeranstr. 55, Westend
U4/5: Heimeranplatz
www.silber-fisch.de
Di–Fr 12.30–18.30, Sa 10–16 Uhr
Mehrere ungemein kreative Goldschmiedinnen fertigen in eigener Werkstatt kostbare und dekorative Schmuckstücke aus edelsten Materialien. Auch ihr Tafelsilber ist einzigartig in seiner Formgebung.

ZauberPerle → L7

Kreuzstr. 4, Glockenbachviertel
U1–3/6/7, Tram 16–18/27: Sendlinger Tor
www.zauberperle.com
Mo–Fr 10–19, Sa 10–18 Uhr
Wer Modeschmuck selbst herstellt, ist hier goldrichtig. Unvorstellbar, welche Formen- und Farbvielfalt Perlen haben können. Münchens größte Auswahl an original Trollbeads aus Dänemark.

Wohnaccessoires, Stoffe, Geschenke

Antiquitäten Muggenthaler → M7

Fraunhoferstr. 1
Glockenbachviertel
Tram 16–18: Müllerstraße
Mo–Fr 12–18.30, Sa 11–16.30 Uhr
Ein herrlicher Laden zum Stöbern. Zur Auswahl stehen Mode, Accessoires und Kleinmöbel von 1850 bis 1950. Der Laden ist eine gefragte Adresse bei Filmausstattern.

Bottles → L7

Josephspitalstr. 1, Innenstadt
U1–3/6/7, Tram 16–18/27: Sendlinger Tor
www.bottles.de
Mo–Fr 10–19, Sa 10–18 Uhr
»Gläser und mehr ...« lautet der Slogan des Hauses. Gebrauchsglas in unendlichem Formen- und Farbenreichtum.

Brauseschwein → aC4

Frundsbergstr. 52, Neuhausen
Tram 12: Neuhausen

Di–Fr 10–13 und 15–18.30, Sa 11–14 Uhr
Der Spielwarenladen ist ein Paradies für kleine und große Kindsköpfe: Froschpistoler, leuchtende Tierchen, Spiele, Süßes, Saures – alles mit Spaßfaktor.

Casa dei Tessuti ➡ E8
Bauerstr. 1, Eingang Nordendstraße, Schwabing
Tram 27: Elisabethplatz
www.casadeitessuti.de
Di–Fr 11–18.30, Sa 10–14 Uhr
Exklusive Kleiderstoffe. Genau die richtige Adresse für all jene, die ihre ausgefallenen Klamotten eigenhändig schneidern.

Kokon ➡ K7
Lenbachplatz 3, Innenstadt
Tram 19: Lenbachplatz
www.kokon.com
Tägl. außer So 10–15 Uhr
Im Innenstadtbereich ist dieser Laden immer noch und immer wieder eine der besten Adressen für geschmackvolle Accessoires (Stoffe, Geschirr, Blumen, Bücher und Kleinmöbel) für den Eigengebrauch oder als Geschenk.

Livingroom ➡ M11
Wiener Platz 2, Haidhausen
Tram 16: Wiener Platz
www.livingroom.la
Di–Fr 10–18, Sa 10–16 Uhr
Mit Vintage-Möbeln aus Frankreich, Belgien und Skandinavien ist der atmosphärisch dichte Raum bestückt. Das Café ist in erster Linie ein Laden, in dem nicht nur der gut betuchte Kunde Köstlichkeiten wie hausgemachten Fruchtjoghurt oder lecker belegte Brote genießen kann. €

Manufactum ➡ L8
Dienerstr. 12, Innenstadt
S1–8, U3/6: Marienplatz
www.manufactum.de
Tägl. außer So 9.30–19 Uhr
Ein überreiches Angebot an formschönen, nostalgischen Retro-haushaltsgegenständen, robuster Kleidung bester Qualität, Möbeln und vielem mehr. Wer sich nicht sofort zum Kauf der nicht gerade preiswerten Stücke entschließen kann, könnte im Eingangsbereich bei »brot & butter« zwecks Entscheidungsfindung bei einem der köstlichen kleinen Gerichte eine Pause einlegen.

Silk & Cotton ➡ aC4
Schulstr. 24, Neuhausen
U1, Tram 12: Rotkreuzplatz
www.silkandcotton.de
Di–Fr 12–19, Sa 10–14 Uhr
Ausgefallene Dekorationsstoffe aus internationalen Kollektionen zu akzeptablen Preisen.

studio azzurro ➡ F7
Tengstr. 17, Schwabing
Tram 27: Nordendstraße
Di–Fr 10–18.30, Sa 10–14 Uhr
Ausgesuchte Wohnaccessoires und hochwertige Stoffe machen die Wahl zur Qual.

Style Deco ➡ G8
Kurfürstenstr. 15, Schwabing
Tram 27: Nordendstraße
Di–Fr 14–18, Sa 11–13 Uhr
Garantiert die größte Auswahl originaler Art-déco-Leuchten gibt es hier neben edlen Kleinmöbeln, Spiegeln und Vasen. ∎

Ob witzige Einzelhandelsgeschäfte oder Läden der internationalen Ketten: München ist ein wahres Einkaufsparadies

Mit Kindern in der Stadt
Museen, Aktivitäten, Freizeit

Dirndl selbst für die Kleinen

Auch für seine jungen Gäste lässt sich München immer wieder interessante Programme einfallen. Während der Ferienmonate bietet die Stadt speziell für alle Daheimgebliebenen und Besucher jede Menge Spaß und Unterhaltung. Das Programm *Was ist los in München* gibt es an den Informationsstellen, also zum Beispiel bei der Stadtinformation im Rathaus am Marienplatz oder im Internet unter www.ferien-muenchen.de.

Da findet man zum Beispiel Segeltörns, Klettertouren, Bauernhof-Fahrten, Zeltlager, Fahrradtouren, Reiter- oder Ritterfreizeiten, Piraten-, Indianer- oder Steinzeitcamps. Es können diverse Tagesausflüge oder die unterschiedlichsten Workshops gebucht werden. Monatlich wechselnde Programme bieten mehrere Museen wie zum Beispiel das Deutsche Museum an. Alle Veranstaltungen werden im jeweiligen Monatsprogramm der Stadt München veröffentlicht.

Sollte das Wetter mal nicht so optimal sein, bietet sich ein Besuch spannender Museen an, die viel Interessantes auch für junge Gäste zu bieten haben: Deutsches Museum mit seinen Dependancen, dem Verkehrszentrum und der Flugwerft draußen in Schleißheim. Aber auch die Sammlungen des Museums Mensch und Natur in einem Seitenflügel von Schloss Nymphenburg oder das Spielzeugmuseum gleich am Marienplatz sind dann lohnende Ziele.

Bei schönem Wetter empfehlen sich privat organisierte Radtouren entlang der Isar oder durch den wunderschönen Englischen Garten. Und die meisten Biergärten verfügen sowieso über einen Kinderspielplatz.

Museen

7 Deutsches Museum ➡ N9
Museumsinsel 1, Isarvorstadt
S1–8: Isartor, Tram 16: Deutsches Museum, Bus 132: Boschbrücke,
℃ (089) 21 79-1
www.deutsches-museum.de
Tägl. 9–17 Uhr
Eintritt € 11/4, Kombikarte für Deutsches Museum, Flugwerft und Verkehrszentrum € 15

Die großartige naturwissenschaftlich-technische Sammlung ist nicht nur ein Ziel für erwachsene Technik-Freaks. Speziell die Programme für das junge Publikum lassen keine Langeweile aufkommen.

Im Kinderreich des Deutschen Museums können die Kleinen experimentieren und spielerisch entdecken, was es etwa mit dem Wasser und der Kraft auf sich hat, welche Täuschungen Optik erzeugt u.v.m. Speziell Führungen für Kinder, auch für die beiden Ableger des Deutschen Museums:

Deutsches Museum, Flugwerft
Vgl. S. 32.

Deutsches Museum, Verkehrszentrum
Vgl. S. 32.

Kinder- und Jugendmuseum
➡ K5
Arnulfstr. 3, Innenstadt, S1–8, U1/2/4/5: Hauptbahnhof
☎ (089)54 04 64 40, www.kinder museum-muenchen.de
Di–Fr 14–17 Uhr, Eintritt € 4,80
Eingang: Hauptbahnhof/Seitenflügel Starnberger Bhf.
In dem Museum werden wechselnde Ausstellungen zu den unterschiedlichsten Themen gezeigt. Im Mittelpunkt steht das Mitmachen und Experimentieren der jungen Besucher.

Museum Mensch und Natur
➡ bB4
Schloss Nymphenburg (Nordflügel), Maria-Ward-Str. 1
Tram 17, Bus 51/151: Schloss Nymphenburg

☎ (089) 179 58 90
www.musmn.de
Di/Mi, Fr 9–17, Do bis 20, Sa/So/Fei 10–18 Uhr
Eintritt € 3,50, bis 18 J. frei, So € 1
Ein prima Museum für interessierte Kinder und Jugendliche, das sich locker mit dem Ausflug hinaus nach Schloss Nymphenburg verbinden lässt. Anschaulich anhand von Bildern, Modellen und Filmen werden Themen wie die Entstehung der Sonne, die Geschichte der Erde und die Entwicklung des Lebens erklärt.

Spielzeugmuseum
Vgl. S. 36.

Aktivitäten, Freizeit

Bavaria Filmstadt ➡ aF4
Bavariafilmplatz 7
82031 Geiselgasteig
Tram 25: Bavariafilmplatz
☎ (089) 64 99 20 00
www.filmstadt.de
Mitte März–Mitte Nov. 9–18, Mitte Nov.–Mitte März 10–17 Uhr
Eintritt € 13/12 (6–17 J. € 11), Filmstadt komplett € 27,50
Eines der bekanntesten Filmstu-

Kinderreich im Deutschen Museum

Haibeobachtung im SeaLife

dios Europas. Bei einer geführten Tour läuft man mitten durch die Kulissen von »Asterix und Obelix« oder »Wicky auf großer Fahrt«. Die Teilnehmer der Tour können Filmszenen nachspielen und z. B. auf dem Rücken des Glücksdrachen Fuchur aus der »Unendlichen Geschichte« schweben.

Flößerei Josef Seitner
Lindenweg 1
82515 Wolfratshausen
℘ (081 71) 785 18
www.flossfahrt.de
Sehr frühzeitige Anmeldung erforderlich
Ein Erlebnis ganz besonderer Art ist mit älteren Kindern an einem schönen Sommertag eine mehrstündige Floßfahrt auf der Isar.

Münchner Marionettentheater
➡ M7
Blumenstr. 32, Innenstadt
U3/6: Sendlinger Tor
℘ (089) 26 57 12
www.muema-theater.de
Es ist auch architektonisch ein kleines Schmuckstück. Das älteste Marionettentheater der Stadt bietet Kindern und Erwachsenen witzige und anspruchsvolle Insze-

nierungen. Nachmittags spielen die handgefertigten Puppen für die jungen Besucher.

Schlossführungen
Die Bayerische Schlösserverwaltung bietet alljährlich von März bis Juni spezielle Führungen für Kinder und Eltern an (www. schloesser.bayern.de).

SeaLife München ➡ B5
Willi-Daume-Platz 1
U3, Bus 173: Olympiazentrum
℘ 018 05-66 69 01 01
www.visitsealife.com/muenchen
Tägl. ab 10 Uhr, wegen sich ständig wechselnder Öffnungszeiten auf der Webseite nachschauen
Eintritt € 16,50/11,50, günstiger sind Onlinetickets
In 30 Becken leben mehr als 10 000 Fische, aber auch Krabben, Wasserschildkröten und sogar Haie. Der Besucher erlebt unter anderem die faszinierende Unterwasserwelt von der Isar über die Donau bis hin zum Schwarzen Meer und zum Mittelmeer. Krönender Abschluss dieser fiktiven Reise ist der begehbare Unterwassertunnel durch das Mittelmeer. Im Berührungsbecken dürfen unter Aufsicht einige Tiere angefasst werden.
   Interesse verdient die alljährlich wechselnde Sonderausstellung, die sich jeweils mit einem Spezialthema befasst.

Tierpark Hellabrunn ➡ aE4
Tierparkstr. 30
Thalkirchen
U3, Bus 135: Thalkirchen
℘ (089) 62 50 80
www.tierpark-hellabrunn.de
April–Sept. 8–18, Okt.–März 9–17 Uhr
Eintritt € 14/5 (4–17 J.)
Kinder sind glücklich, wenn ihnen ein Besuch im Zoo versprochen wird. Der Tierpark liegt draußen im Stadtteil Thalkirchen in unmittelbarer Nähe der Isarauen und

besitzt neben dem Raubtierhaus und dem Streichelzoo noch weitere Attraktionen.

Turmbesteigungen:

Ohne Frage ist bei strahlendem Wetter die Aussicht von einer der Aussichtsplattformen der Münchener Türme ein tolles Erlebnis.

Alter Peter (92 m) ➡ L8
Rindermarkt 1, Innenstadt
S1–8, U3/6: Marienplatz
Mo–Sa 9–18.30, So/Fei 10–18.30 Uhr, im Winter eine Stunde kürzer
Eintritt € 2/1
Mit kleinen Kindern ist die gesicherte Freiluft-Plattform, die leider nur über 305 schweißtreibende Stufen zu erreichen ist, nicht zu empfehlen.

Bavaria auf der Theresienhöhe
➡ N3
Westend, U4/5: Schwanthalerhöhe
April–Mitte Okt. 9–18 Uhr
Eintritt € 3,50/2,50
Auch dieser Aussichtspunkt empfiehlt sich nicht für Eltern mit kleinen Kindern. Die Wendeltreppe ist eng, steil und nicht unbedingt gut beleuchtet.

**Frauenkirche
(Südturm, 98 m)** ➡ L8
Frauenplatz, Innenstadt
S1–8, U3/6: Marienplatz
Geschlossen wegen Sanierung bis voraussichtlich 2016
Die ersten 86 Stufen muss man zu Fuß erklimmen, dann gibt es einen Lift.

Olympiaturm (290 m) ➡ A/B4
Im Olympiapark
U3: Olympiazentrum, Tram 20/21: Olympiapark West, Tram 27: Petuelring
Tägl. 9–24 Uhr, Eintritt € 5,50/3,50
In wenigen Sekunden katapultierte einen der Lift zur Aussichtsplattform.

Neues Rathaus (85 m) ➡ L8
Marienplatz, Innenstadt
S1–8, U3/6: Marienplatz
Mo–Fr 10–17 Uhr
Eintritt € 2,50/1, bis 6 J. frei
Ein Lift ist vorhanden. ■

Die interaktive Filmerlebniswelt rund um den Regisseur, Schauspieler und Comedian Michael Bully Herbig: Bullyversum in der Bavaria Filmstadt

Erholung und Sport
Plätze zum Entspannen, Aktivitäten

München bietet seinen Gästen unzählige Plätze zum Ausruhen und Entspannen. Neben dem Englischen Garten lädt auch die Isar dazu ein, sich zwischendurch vom Sightseeing-Programm zu erholen. Während der heißen Jahreszeit breiten Hunderte von Sonnenanbetern ihre Badetücher einfach auf den mehr oder weniger sauberen, kilometerlangen Kiesbänken des Flusses aus und riskieren das Bad in den erfrischenden Flusswellen. (Hinweis: Fast immer wird alljährlich vor Kolibakterien gewarnt!) Eine Liste aller öffentlichen Bäder und die **Öffnungszeiten** findet man unter www.swm.de, Bäder-Hotline: ✆ 018 01-79 62 23.

Sportlich Aktive haben die wunderbare Möglichkeit das lockere Training mit der Besichtigung einer der Sehenswürdigkeiten zu verbinden.

Plätze zum Entspannen

Dantebad ➜ aC4
Postillonstr. 17, Neuhausen
U1/7, Tram 20/21: Westfriedhof
Das beheizte Wettkampfbecken (50 m) lockt auch in der kalten Jahreszeit zu einem ausgiebigen Training. Trotz der großen Liegewiesen und zusätzlicher Becken kann es im Freibadbereich an schönen Sommertagen eng werden.

Kabinenhäuschen im Müller'schen Volksbad

Hamam Mathilden ➜ M6
Mathildenstr. 5, Glockenbachviertel, U1–3/6/7, Tram 16–18/27: Sendlinger Tor
✆ (089) 55 45 73, www.hamam.de
Hinter der Fassade eines unscheinbaren Hauses nahe dem Sendlinger-Tor-Platz erwartet einen der orientalische Wellness-Tempel.

Müller'sches Volksbad ➜ M10
Rosenheimerstr. 1, Haidhausen
S1–8, Tram 16: Deutsches Museum, Tram 18: Isar Tor, Bus 132: Boschbrücke, www.swm.de, tägl. 7.30–23, Mo große Halle nur bis 17 Uhr
Auge, Seele und Körper werden in diesem einzigartigen Jugendstil-Bad verwöhnt. In dem irisch-römischen Schwitzbad mit seinen unterschiedlich temperierten Ruheräumen könnte man seinem Körper nach dem Besichtigungsprogramm eine Erholung gönnen.

Nordbad ➜ E6
Schleißheimer Str. 142, Schwabing
U2: Hohenzollernplatz, Tram 12/27, Bus 53/59/154: Nordbad
Das Hallenbad (33-m-Becken) mit Liegewiese findet sich zentral gelegen am Rand des Stadtteils Schwabing.

Olympia-Schwimmhalle ➜ B4
Im Olympiapark, Coubertinplatz 1
U3, Bus 173: Olympiazentrum

Nicht nur Schwimmen angesagt. Geboten wird außerdem ein umfangreiches Fitnessprogramm.

Prinzregentenbad ➜ aD5

Prinzregentenstr. 80, Bogenhausen, U4: Prinzregentenplatz
Hier treffen sich an heißen Sommertagen am Beckenrand (25 m) die Schönen und Reichen des Edel-Wohnviertels.

Ungererbad ➜ B11

Traubestr. 3, Nordschwabing
U6: Nordfriedhof
Beliebtes Sommerbad mit großen Schwimmbecken und Beachvolleyball-Plätzen.

Aktivitäten

Blade Night

Während der Sommermonate treffen sich jeweils montags ab 19 Uhr Tausende von Inlineskatern zu immer neuen Touren. Unbedingt ins Internet gucken: www.aok-bladenight.de

Die Stehende Welle ➜ J10

Prinzregentenstr.
Tram 18: Nationalmuseum/Haus der Kunst
Es soll Leute geben, die mit ihrem Brett aus Übersee anreisen, um unter den Blicken der immer zahlreichen Zuschauer zu jeder Jahreszeit ihr Können auf der glitzernden, stehenden Welle im Eisbach unter Beweis zu stellen. Im Mai 2010 kam der Film »Keep Surfing« in die Kinos, der dieses Phänomen enthusiastisch feiert.

Eisstockschießen

Sobald im Winter der Nymphenburger Kanal zugefroren ist, treffen sich bei Glühwein gestandene Münchner Cliquen zu diesem sportlichen Vergnügen. Gäste werden meist freundlich integriert. Rutschfeste Sohlen und Lauffreudigkeit sind Voraussetzung!

Jogging

Wer auf sein tägliches Lauf-Programm nicht verzichten will, trifft viele Gleichgesinnte schon ab dem frühen Morgen zu jeder Jahreszeit im Englischen Garten. Aber auch die Strecken parallel zur Isar haben ihren ganz besonderen Reiz.

Radtouren

Auf ihr 1200 Kilometer langes Wegenetz ist die Stadt ganz besonders stolz. Ziel der Landeshauptstadt ist es, Deutschlands Radmetropole Nummer eins zu werden. Vor allem an den verkehrstechnisch ruhigeren Wochenenden könnte die Erkundung Münchens per Fahrrad äußerst reizvoll sein. Zu empfehlen wären da zum Beispiel Ausflüge hinaus ins Olympiagelände oder nach Nymphenburg. Fahrten zu den beiden Sehenswürdigkeiten lassen sich prima verbinden. Aber auch eine Tour durch Stadtteile wie Schwabing, Haidhausen, das Glockenbachviertel, Westend und Neuhausen/Nymphenburg bietet sich an.

Um die interessantesten und sichersten Routen zu finden, gibt die Stadt jährlich einen aktualisierten, kostenlosen Routenplan heraus, den es bei der Stadtinformation im Rathaus am Marienplatz gibt. Das digitale Pendant dazu mit Routenplaner steht im Internet: www.muenchen.de/fahrrad

Zeltdach-Tour ➜ B3

Olympiastadion
U3, Tram 20/21: Olympiapark West, Tram 27: Petuelring, Bus 173: Olympiazentrum
✆ (089) 30 67-0, info@olympiapark.de, www.olympiapark-muenchen.de
März–Okt. Sa/So/Fei 11.30 Uhr, nur nach Voranmeldung möglich
Ein Erlebnis der ganz besonderen Art ist für Schwindelfreie (ab 10 J.) die geführte zweistündige Tour auf das Dach des Münchner Olympiastadions. ■

Daten zur Stadtgeschichte

15 v. Chr. – Bayern wird römische Provinz und erlebt unter den Besatz-
6. Jh.n.Chr. ern seine erste wirtschaftliche und kulturelle Blüte. Nach dem Tod des letzten gesamtrömischen Kaisers, Theodosius d. Gr., zerfällt das Reich 395. Dieses Machtvakuum nutzen die Franken (Merowinger) für sich aus. Sie setzen 550 Garibaldi I. aus dem Haus der Agilolfinger als Grenzherzog ein. Abgesichert wird dieser Pakt durch die Lex Baiuariorum (Bayerisches Stammesrecht). Mitte des 6. Jh. taucht erstmals in schriftlichen Quellen der Begriff Bajuwaren auf.

8. Jh. Das Kloster Tegernsee gründet die Siedlung Munichen (zu den Mönchen). Sie bleibt unbedeutend, bringt aber den Mönch ins Wappen, der im Laufe der Jahrhunderte zum bekannten Münchner Kindl mutiert.

1070 Das Herzogtum Bayern fällt an die Welfen.

1158 Für den wirtschaftlichen Aufstieg vom unbedeutenden Weiler zur Stadt sorgt der Welfe Heinrich der Löwe. Er lässt kurzerhand die Zollbrücke bei Oberföhring abreißen und durch einen neuen Übergang bei Munichen ersetzen. Damit entzieht er dem Bischof von Freising seine sichere Einnahmequelle: die Salzsteuer. Die von Berchtesgaden kommenden

1158 gründet Heinrich der Löwe München

Salztransporte hatten hier auf ihrem Weg nach Norden und Westen die Isar gequert. Nachdem Heinrich sich auf Drängen seines Verwandten Kaiser Friedrich Barbarossa bereit erklärt, ein Drittel der Einnahmen dem Bischof abzutreten, wird diese Abmachung am 14. Juni 1158 in Augsburg per Gründungsurkunde (»Augsburger Schied«) bestätigt.

Kaiser Friedrich I. Barbarossa mit seinen Söhnen König Heinrich VI. und Herzog Friedrich von Schwaben (Welfenchronik 1179–91)

1170 Mit einem ersten Mauerring plus Wachtürmen werden dieser Übergang und die nur 17 ha große Ortschaft rund um den späteren Marienplatz gesichert.

1214 Der Ort wird erstmals als Stadt bezeichnet.

1240 München kommt in den Besitz der Wittelsbacher.

1253–94 Unter Herzog Ludwig des Strengen wird mit dem Bau einer Burg, dem Alten Hof, begonnen. Am

Ansicht von München in der Schedelschen Weltchronik (1493)

	19. September 1294 werden die Münchner Stadtrechte schriftlich festgelegt.
1294–1347	Unter der Herrschaft Ludwigs dem Bayern gedeihen Handel und Gewerbe. Ein zweiter Mauerring wird um die Stadt gezogen, der nach 15-jähriger Bauzeit 1310 fertig ist. Erst zu Beginn des 19. Jh. wird die Stadt schließlich über diesen Ring hinauswachsen. Ein verheerender Brand vernichtet 1327 ein Drittel der innerstädtischen Bausubstanz. Ludwig der Bayer wird 1347 als erster Wittelsbacher in München beigesetzt.
1349	Die Pest wütet in der Stadt.
1407–60	Immer wieder verwüsten große Brände die Stadt.
1506	München wird Hauptstadt von ganz Bayern.
1550–79	Fürst Herzog Albrecht V. fördert Wissenschaft und Erziehung. Er gründet die Hofbibliothek, die später in der Staatsbibliothek aufgeht, und lässt für seine Antikensammlung das Antiquarium bauen.
1623–51	Während seiner Regentschaft als Kurfürst spielt Maximilian I. als Führer der katholischen Liga neben den Habsburgern eine dominante Rolle im Dreißigjährigen Krieg. 1632 wird München kurzfristig vom Schwedenkönig Gustav Adolf besetzt. Nach Beendigung der kriegerischen Auseinandersetzungen bricht erneut die Pest aus. Die Einwohnerzahl geht von 22000 auf 9000 zurück.
1638–45	Die Stadt erhält einen zeitgemäßen Verteidigungsring.
1651–79	Kurfürst Ferdinand Maria übernimmt die Regentschaft. Während dieser Zeit des von Italien geprägten Hochbarocks entstehen Bauten wie Schloss Nymphenburg, die Theatinerkirche, Schloss Lustheim und Schloss Schleißheim.
1705–14	Während des spanischen Erbfolgekriegs wird München von den habsburgisch-österreichischen Truppen besetzt. Am 25. Dezember 1705 erheben sich die bayerischen Bauern gegen die Besatzer. Der Aufstand wird vor den Toren der Stadt blutig niedergeschlagen.
1714	Max Emanuel kehrt aus dem Exil zurück. Unter seiner und der Regentschaft seines Nachfolgers Kurfürst Karl Albrecht (später Kaiser Karl VII.) werden die Schlösser Nymphenburg und Schleißheim vollendet.
1745–77	Max III. Joseph schließt Frieden mit Österreich und sichert somit Bayern über drei Jahrzehnte den Frieden.

1777–99	Unter Kurfürst Karl Theodor werden Bayern und die Pfalz geeint.
1805	Napoleon erreicht München.
1806	Kurfürst Maximilian IV. wird auf Anordnung Napoleons als Max I. Joseph (1806–25) zum ersten bayerischen König ausgerufen. Bayern muss im Gegenzug ein Waffenbündnis unterschreiben. Das bezahlen 30 000 bayerische Soldaten im Verlauf von

Absolutistisch geprägt: Bayernkönig Ludwig II.

Napoleons Russlandfeldzug mit dem Leben. München wird königliche Haupt- und Residenzstadt.

1810	Anlässlich der Hochzeit des Kronprinzen Ludwig I. mit Prinzessin Therese von Sachsen-Hildburghausen findet auf der später nach der Braut benannten Wiese weit draußen vor der Stadt das erste Oktoberfest statt.
1825	Ludwig I. besteigt den Thron. Der König fördert die Künste und die Wissenschaft. Aufgrund seiner exzessiven Bauwut und seiner Beziehung zu Lola Montez kommt der Monarch ins Gerede und muss 1848 schließlich abdanken.
1826	München wird Universitätsstadt.
1846	Nach Berlin und Hamburg werden nun auch in München 100 000 Einwohner gezählt.
1848	Ludwigs Sohn Max II. besteigt den Thron. Dem weltgewandten, umfassend gebildeten Monarchen gelingt es, die bekanntesten Wissenschaftler seiner Zeit an die noch junge Münchner Uni zu holen.
1864	Nach dem überraschenden Tod von Max II. wird sein 18-jähriger Sohn zum König proklamiert. In einer Zeit großer politischer Umwälzungen tritt Ludwig II. mit einer vom Absolutismus geprägten Herrschaftsauffassung an. Als seine Vorstellungen immer mehr mit der Realität kollidieren, entzieht er sich der Tagespolitik, flieht in die Berge und frönt seiner Bauwut. Zu seiner größten politischen Niederlage gehört der Sieg Preußens über das vereinigte österreichisch-bayerische Heer. Die Vormacht Preußens unter den Hohenzollern und ihrem Ministerpräsidenten Otto Fürst von Bismarck ist damit besiegelt. Am 13. Juni 1886 kommt Ludwig II. auf bis heute nicht eindeutig geklärte Umstände zu Tode.
1886	Prinzregent Luitpold übernimmt die Regierungsgeschäfte.
1911	Die Künstlergruppe »Der Blaue Reiter« und zahlreiche Literaten fassen in München Fuß. Schwabing wird zum Mekka eines unkonventionellen Künstlerlebens.
1914–18	Während des Ersten Weltkriegs regiert Ludwig III., der das Land fluchtartig verlassen muss, als Kurt Eisner 1918 zum ersten bayerischen Ministerpräsidenten gewählt wird. Am 8. November 1918 wird der Freistaat Bayern ausgerufen, die Herrschaft der Wittelsbacher ist beendet.
1919	Eisner wird ermordet. Die Räterepublik wird ausgerufen.
1923	Der Putschversuch der Nationalsozialisten vor der Feldherrnhalle scheitert.

1925	Der Grundstein für das Deutsche Museum mit seiner bis heute weltweit größten naturwissenschaftlichen Sammlung wird gelegt.
1933–45	Die Wahl am 5. März bringt der NSDAP die erhoffte Mehrheit. München wird die »Hauptstadt der Bewegung«.
1945	Die während des Zweiten Weltkriegs zu 70 Prozent zerstörte Stadt wird von den US-Amerikanern eingenommen.
1946	Die Verfassung des Freistaats Bayern tritt in Kraft.
1957	München hat eine Million Einwohner.
1971	Die erste U-Bahn-Linie wird eingeweiht.
1972	Die XX. Olympischen Sommerspiele, die von dem Attentat auf die israelischen Sportler überschattet werden, finden in München statt.
1992	Eröffnung des neuen Flughafens »Franz Josef Strauß«.
1998	Eröffnung des neuen Messegeländes auf dem Areal des ehemaligen Flughafens Riem.
2002	Eröffnung der Pinakothek der Moderne.
2004	Die sogenannte Hochhausdebatte wird per Bürgerentscheid entschieden: Innerhalb des Mittleren Rings darf kein Hochhaus die 100-Meter-Marke überschreiten.
2005	Die neue Allianz Arena wird in Betrieb genommen.
2006	Am 9. Juni wird in der Allianz Arena die Fußballweltmeisterschaft angepfiffen.
2008	Die Stadt feiert ihren 850. Geburtstag.
2009	Das Museum Brandhorst wird eingeweiht.
2010	Im April 2010 beschließt der Landtag den Bau eines zweiten S-Bahn-Tunnels unterhalb der Innenstadt. Damit soll sich u. a. die Fahrzeit Richtung Flughafen erheblich verkürzen. Wegen Finanzierungsschwierigkeiten steht noch in den Sternen, wann der erste Spatenstich getan wird.
2012	In direkter Nähe des Königsplatzes, dort wo bis 1947 das Braune Haus (Parteizentrale der NSDAP) stand, wird der Grundstein für das NS-Dokumentationszentrum gelegt.
2015	Am 30. April, dem 70. Jahrestag der Befreiung Münchens durch die Amerikaner, wird das NS-Dokumentationszentrum eingeweiht. ■

Museum Brandhorst: 36 000 bunte Keramikstäbe gliedern die Fassade des jüngsten Münchner Museums

Service von A bis Z

München in Zahlen und Fakten

Alter: Stadtrechte seit 1158
Durchschnittliche Höhe: 519 m über NN
Gesamtfläche: 31,071 ha
Innenstadtgebiet: Länge 13,7 km
Länge der Stadtgrenze: N-S-Richtung 20,7 km, O-W-Richtung 26,9 km
Einwohner: 1,5 Mio.
Hochschulen: 111 900 Studenten
(Ludwig-Maximilian-Universität: 47 960 Studenten, Technische Universität: 35 800 Studenten, Staatliche Fachhochschulen: 17 700 Studenten)
Tourismus: 396 Beherbergungsbetriebe mit 6,3 Mio. Gästen, durchschnittliche Verweildauer: zwei Tage
Kultur: 49 Theater, 7 öffentliche Orchester, 46 Museen
Wirtschaft: Die Umsätze beziffern sich auf rund 300,0 Mrd. Euro (Stand: Dez. 2014)

Anreise

Mit der Bahn

Der Münchner Hauptbahnhof ➜ K5, ein Kopfbahnhof, liegt in der Nähe des Zentrums. Auf kurzen Wegen sind sowohl im Untergeschoss die S-Bahn als auch die beiden U-Bahnhöfe zu erreichen. Die jeweiligen Züge garantieren eine problemlose Verbindung im gesamten Stadtgebiet, in die Vororte sowie ins nähere Umland. Fundbüro: ✆ 0800-344 22 66 00 (Mo–Fr 7–20, Sa/So/Fei 8–18 Uhr) Bahnauskunft: ✆ 118 61 Fahrplanauskunft: ✆ 08 00-150 70 90 (kostenfrei) www.bahn.de

Mit dem Auto

Wer mit dem Auto anreist, wird automatisch auf den gut ausgeschilderten, vierspurigen Ring geleitet und von dort aus ins Zentrum. Die innerstädtischen Parkmöglichkeiten sind rar und streng geregelt. Für die schnelle Besorgung bietet sich die Parkuhr (sehr kurzer Takt) an. Für einen ausgedehnten Stadtbummel empfehlen sich diverse Parkhäuser.

Kostenfreie Parkplätze findet man nur in den Außenbereichen. In vielen innerstädtischen Stadtteilen bekommen nur die Anwohner eine kostenpflichtige Parkerlaubnis. Wer sich dort hinstellt, wird gnadenlos abgeschleppt.

Münchner Turmpanorama: Heiliggeistkirche, Altes Rathaus, Neues Rathaus, Frauenkirche und St. Peter (v. r. n. l.)

Mit dem Flugzeug

Der Franz-Josef-Strauß-Flughafen liegt rund 20 km nördlich des Zentrums. Zur Innenstadt verkehren im 20-Minuten-Takt die S-Bahn-Linien 1 und 3 u. a. zum Hauptbahnhof, Marienplatz oder Karlsplatz (Stachus). Für die Fahrt zum Hauptbahnhof muss mit ca. 45 Minuten gerechnet werden. Ab Hauptbahnhof gibt es eine direkte Busverbindung (Haltestelle an der Nordseite) zum Terminal. Der Busfahrer hört ständig den Verkehrsfunk und nähert sich somit auf Schleichwegen seinem Ziel.

Die wesentlich teurere Variante, das Taxi, ist keinesfalls unbedingt schneller als die beiden S-Bahn-Linien, da die meisten Fahrer für die Strecke zur Innenstadt die oft überfüllte Autobahn bevorzugen. Flughafen München
Information: ✆ (089) 975 00
Airport-Tour/Besucherservice:
✆ (089) 97 54 13 33
Fundbüro: ✆ (089) 97 52 13 70
Gepäckaufbewahrung:
✆ (089) 97 52 13 75

Taxizentrale am Flughafen:
✆ (089) 97 58 50 50
www.munich-airport de

Auskunft

München Tourismus
✆ (089) 23 39 65 55
www.muenchen.de
Mo–Fr 9–18, Sa 9–17 Uhr

Tourist Information
– Am Hauptbahnhof ➡ K5
Bahnhofsplatz 2
Mo–Sa 9–20, So 10–18 Uhr
www.muenchen.de/Tourismus
– Marienplatz
Eingang Rathaus ➡ L8
✆ (089) 23 32 82 42, -22 23 24
Mo–Fr 10–19, Sa 10–17, So 10–14 Uhr
– Im Alten Hof/Kaiserburg
Alter Hof 1 ➡ L8
✆ (089) 21 01 40 50
www.infopoint-museen-bayern.de
Mo–Sa 10–18 Uhr
Der Ort selbst ist schon eine Sehenswürdigkeit. Beim Umbau

des Alten Hofs, des ältesten Herrschaftssitzes der Wittelsbacher in München, wurde der Infopoint des Museums- und Schlösserlandes Bayern eröffnet. Im unterirdischen, spätgotischen Gewölbesaal bietet die Multimedia-Präsentation Einblicke in das Leben Kaiser Ludwig des Bayern und seiner Zeit.

Feste, Veranstaltungen, Messen

Feste, Veranstaltungen:

Januar/Februar

Fasching – Während der Faschingszeit gibt es einerseits die großen öffentlichen Schwarz-Weiß-Bälle (festliche Abendgarderobe ist Pflicht) und die Kostümbälle, die nicht selten unter einem Motto stehen. Die Hauptattraktion am Faschingsdienstag und zugleich Abschlussveranstaltung der närrischen Zeit ist der berühmte, ausgelassene Tanz der Marktfrauen auf dem Viktualienmarkt.

Während der Fastenzeit wird im unmittelbaren Anschluss an den Fasching das nahrhafte und hochprozentige Starkbier (Thriumphator oder Salvator) ausgeschenkt. Weit über die Grenzen Münchens ist in diesem Zusammenhang das »Paulaner-Wirtshaus« auf dem Nockherberg zu einem Begriff geworden. Bundesweit wird anlässlich des Starkbieranstichs das politische Kabarett nebst Singspiel »Politiker derblecken« im Fernsehen übertragen. Während dieser Veranstaltung werden den im Publikum zahlreich vertretenen Bundes- und Landespolitikern meist sehr unverblümt die Leviten gelesen (www.nockherberg.com).

März/April

Krimifestival – National sowie international bekannte Krimiautoren stellen ihre neuesten Werke vor – teilweise finden Lesungen an originellen »Tatorten« statt (www.krimifestival-muenchen.de).

April

Frühlingsfest – so etwas wie ein Mini-Oktoberfest auf der Theresienwiese. Schön ist der riesige Trödelmarkt am Eröffnungstag.

Mai

Auer Dult – Dreimal im Jahr findet auf dem Mariahilfplatz eine bunte Mischung aus Jahrmarkt, Trödel- und Geschirrmakt statt (Mai-Dult, im Juli/August die Jacobi-Dult und im Oktober die Kirchweih-Dult, www.auerdult.de).

Dokumentarfilm-Festival – In ausgesuchten Kinos werden nationale und internationale Produktionen gezeigt (www.dokfest-muenchen.de).

Juni/Juli

Tollwood-Sommerfestival – Das alternative Kulturfestival lockt mit Zirkus, Konzerten und Theaterveranstaltungen sowie viel Kunsthandwerk, aber auch einigen Biergärten und internationalen Open-Air-Lokalen seine bunt gemischte Fan-Gemeinde an (www.tollwood.de).

Stadtgründungsfest – Jedes Jahr feiert München rund um den Odeonsplatz seine Stadtgründung (www.muenchen.de/tourismus).

Juli

Magdalenenfest – Mit Buden und einigen Karussells erfreut sich das

Fasching auf dem Viktualienmarkt

Ein Magnet für Gäste aus der ganzen Welt ist alljährlich das Oktoberfest

Fest im Hirschgarten vor allem bei Kindern großer Beliebtheit.

Christopher Street Day – Parade der schwul-lesbischen Community (www.csd-muenchen.ce).

Klassik am Odeonsplatz – Vor der Feldherrnhalle auf dem Odeonsplatz spielen die Münchner Philharmoniker oder das Bayerische Rundfunkorchester im Rahmen des Festivals. Als Solisten treten weltberühmte Stars auf (www.klassik-am-odeonsplatz.de).

Münchner Opernfestspiele – im Juli und August, mit täglich wechselndem Programm (www.muenchner-opern-festspiele.de).

August

Sommerfest im Olympiapark – Einen Monat lang kostenlos Rock, Pop und Folk auf der Open-Air-Bühne des Theatron im Schatten des Stadion-Zeltdachs direkt am See (www.theatron.de)

September/Oktober

Oktoberfest – Das größte Volksfest der Welt findet alljährlich ab Mitte September zwei Wochen lang auf der Theresienwiese (www.oktoberfest.de) statt.

November

Münchner Eiszauber – Ende des Monats verwandelt sich der Karlsplatz in eine Eisfläche, auf der das zahlende Publikum seine Runden drehen kann.

Dezember

Christkindlmarkt – Allmählich schmückt sich fast jeder Stadtteil der Landeshauptstadt mit seinem eigenen, oft eher kleinen Weihnachtsmarkt. Der größte Markt im Innenstadtbereich mit einem riesigen Tannenbaum vor dem Rathaus und den vielen üppig geschmückten Buden lockt Tausende. Weitere sehenswerte Christkindlmärkte gibt es an der Münchner Freiheit in Schwabing, rund um den Chinesischen Turm im Englischen Garten und am Weißenburger Platz in Haidhausen.

Tollwood-Winterfestival – Ab dem 1. Advent lockt auf der Theresienwiese dieses alternative Festival mit Kultur, Kommerz und vielen Buden mit Kunsthandwerk und internationalen Gerichten im Dunst von Glühwein (www.tollwood.de).

Messen

Der Ruf der Stadt als nationales und internationales Messezentrum ist bekannt. Alljährlich präsentieren sich die Ausstellungen mit einem großartigen, ständig

Zünftiger Biertrinker

wechselnden Programm. Zu den hier aufgelisteten kommen natürlich noch viele weitere hinzu.

ICM – Internationales Congress Center München
→ aD6
Messegelände, U2: Messestadt West und Ost
www.messe-muenchen.de
Alljährlich finden auf dem ehemaligen Flughafengelände in Riem eine Reihe international renommierter Fachmessen statt.

M.O.C. Veranstaltungscenter
→ aB5
Lilienthalallee 40, U6: Kieferngarten, www.moc-muenchen.de
Zweiter Messestandort Münchens.

Garten München
www.garten-muenchen.de
Bayerns größte Indoor-Gartenmesse, alljährlich im Frühjahr.
Internationale Handwerksmesse
www.ihm.de
Die neuesten Trends aus Handwerk & Design, Wohnen & Einrichten, Küchen & Kultur, Energie & Haus aber auch Haus & Garten.
bauma
www.bauma.de
Internationale Fachmesse der Bau und Bergbauindustrie.
analytica
www.analytica.de
Internationale Fachmesse für instrumentelle Analytik, Labortechnik und Biotechnologie.
Internationale Briefmarken-Börse
www.briefmarken-messe.de

Treffpunkt der Fachhändler aus dem In- und Ausland. U.a. Vorträge und Diskussionsrunden.
Numismata International
www.numismata-modes.de
Messe für Münzen, Banknoten und Wertpapiere.
Azubi- und Studientage München
www.azubitage.de
Infos über Ausbildungsberufe und Studiengänge aller Branchen.
Interforst
www.interforst.de
Internationale Messe für Forstwirtschaft und Forsttechnik.

Hinweise für Menschen mit Handicap

Viele praktische Tipps finden sich auf der neuen Website: www.muenchen-tourismus-barrierefrei.de. Die Hinweise sind unter verschiedenen Rubriken geordnet. Münchner Hotels, Jugendherbergen, Campingplätze und Gaststätten, aber auch Biergärten wurden speziellen Tests unterzogen. Außerdem ist das Portal auch bei Facebook vertreten. Die praktischen Tipps der Facebook-User sind die perfekte Ergänzung zum offiziellen Teil.

Internet

www.muenchen.de – Offizielles Stadtportal. Übersichtliche, detaillierte und immer aktuelle Infos zu Veranstaltungen, Freizeit, Restaurants, Shopping oder Hotels.
www.munich-touristinfo.de – Wer aktuelle Vorschläge zu spontanen Touren in die Umgebung sucht, dürfte auf dieser Seite unten den Stichworten Tages- oder Sonderausflüge neben vielen anderen nützlichen Stichworten fündig werden.
www.ganz-muenchen.de – Interessante zusätzliche Tipps unter der Überschrift Einkaufszentren,

Shopping und Passagen oder zu den angesagten Stadtteilen.

Notfälle, wichtige Rufnummern

Polizei ✆ 110
Feuerwehr, Notarzt ✆ 112
Ärztlicher Bereitschaftsdienst
✆ 116 117
Apotheker-Notdienst
✆ 0800-002 28 33
✆ 228 33 (Kurzwahl Handy)
Bereitschaftspraxis Elisenhof ➡ K6
Elisenstr. 3, 4. Stock (gegenüber vom Hauptbahnhof)
✆ (089) 55 17 71
Mo/Di, Do 19–23, Mi, Fr 14–23, Sa/ So/Fei 8–23 Uhr
Zahnärztlicher Notdienst
✆ (089) 723 30 93, 723 30 94
Taxi
Isarfunk Taxizentrale
✆ (089) 45 05 40
Taxizentrale München
✆ (089) 19 41-0, 21 61-0
Fundbüro
Oetztaler Str. 19
✆ (089) 23 39 60 45
Mo, Mi, Fr 7.30–12, Di 8.30–12 und 14–18, Do 8.30–15 Uhr

Presse

Weit über die Grenzen der bayerischen Metropole bekannt, ist die *Süddeutsche Zeitung* (SZ) eine der führenden und besten Tageszeitungen Deutschlands. Der *Münchner Merkur* ist die Lokalzeitung, die vor allem auf dem Land Abonnenten hat. Daneben gibt es die Boulevardzeitungen *Abendzeitung* (AZ), *Tageszeitung* (tz) und *Bild* (Münchner Ausgabe).

Das offizielle *Monatsprogramm der Stadt München* ist eine schmale gelbe Broschüre, die es am Zeitungskiosk und so gut wie in jeder Buchhandlung zu kaufen gibt.

Die kostenlose Zeitschrift *IN* liegt in vielen Kneipen und Lokalen aus. Sie erscheint alle zwei Wochen und bietet eine Übersicht über kulturelle Ereignisse und gibt Hinweise auf Lokale und Discos.

Die Zeitschrift *Prinz* (www.prinz. de) bietet monatlich ausführliche Berichte und Interviews zur Szene der bayerischen Metropole.

Sightseeing, Touren

iPS München
✆ (089) 871 23 99
www.ipsmuenchen.de
Unter dieser Adresse lassen sich Isarfloßfahrten und Stadtführungen zu etwas ausgefallenen Themenbereichen buchen.

Weis(s)er Stadtvogel München
✆ (089) 20 32 45 36-0
www.weisser-stadtvogel.de
Thementouren wie »Mit dem Nachwächter unterwegs« (tägl. 21 Uhr), »Henker, Huren, Hexen mit Schauspiel« (Fr 22 Uhr), Stadtführungen mit dem Leihrad (Sa 11 Uhr), Altstadtführung (tägl. 10.30, 13 und 15 Uhr). Unbedingt reservieren!

Münchner Stadtführungen
✆ (089) 24 23 17 67, www.muench nerstadtfuehrungen.de
Treffpunkt tägl. 10.30 Uhr (Fr–So auch 14.45 Uhr) unter dem Glockenspiel im Rathaus am Marienplatz zur Erkundung der Altstadt. Angeboten werden außerdem eine Viktualienmarkt-Schlemmertour sowie Mountainbike- und Nachttouren.

City Segway Tours
Karlsplatz 4
✆ (089) 23 88 87 93, www.city segwaytours.com/munich
Treffpunkt ist der Laden im Innenhof, 50 m vom Karlsplatz entfernt und nur durch eine kleine Passage zu erreichen. Für die zweistündige Tour durch die Innenstadt muss man sich rechtzeitig anmelden.

Gefahren wird in der warmen Jahreszeit bei fast jedem Wetter.

Stattreisen München e.V.

℘ (089) 54 40 42 30
www.stattreisen-muenchen.de
Entsprechend den persönlichen Wünschen werden Touren zu Geschichte, Alltagsleben und Kultur angeboten. Man sollte sich vor der Buchung mit dem umfangreichen Programm auseinandersetzen.

Rikscha-Mobil

℘ (089) 24 21 68 80
www.pedalhelden.de
Im Sommer stehen die Fahrrad-Rikschas am Marienplatz.

Radius Tours & Bikes

℘ 0172-929 65 90
www.radiustours.com
Wer auf eigene Faust München mit dem Rad erkunden will, kann sich eines am Bahnhof mieten: Radverleih beim Gleis 32, Mitte April–Mitte Okt. tägl. 9.30–18 Uhr

MVV-Radlführer

www.mvv-muenchen.de/rad
Der MVV (Münchner Verkehrs- und Tarifverbund) und der ADFC (Allgemeiner Deutscher Fahrrad-Club) haben einen kostenlosen Fahrradführer mit 25 Touren rund um München inklusive GPS-Daten zum Download ins Netz gestellt. Mit detaillierten Wegbeschreibungen, Empfehlungen von Gaststätten, Hinweise auf Sehenswürdigkeiten, Kindertauglichkeit, Fahrpläne der MVV-Bahnhöfe.

MünchenTram

℘ 018 03-44 22 66
www.mvg-mobil.de/muenchen
tram
Münchner G'schichten in einer historischen Straßenbahn. Rundfahrten Pfingsten–Ende Sept., Start Sa/So/Fei 11, 12, 13 und 14 Uhr am Sendlinger Tor

Turmbesteigungen

Vgl. S. 77

Sprachhilfen für das Bayerische

Des is mia wurscht
Das ist mir egal
Ja, do legst di nieda!
Donnerwetter, Ausdruck der größten Anerkennung
Aff, Depp, Hirsch
Ungewöhnliche Art jemandem gegenüber Zuneigung auszudrücken
Saupreiß
Abfälliger Ausdruck für alle Nichtbayern
Bussl
Kuss
Gschbusi
Freundin
Gaudi
Spaß, Vergnügen
De hod Hoiz vor da Hüttn
Große Oberweite
Schleich di
Verschwinde
Host mi?
Hast Du mich verstanden?
Ja mei
Ausdruck der Zustimmung

Unterirdische Schönheiten

Bei der MVG im Zwischengeschoss unter dem Marienplatz gibt es kostenlos das Faltblatt *Münchens schönste U-Bahnhöfe*. Bei schlechtem Wetter lohnt sich zum Beispiel die Fahrt zur Münchner Freiheit oder dem Westfriedhof. Beide U-Bahnhöfe wurden vom Lichtdesigner Ingo Maurer gestaltet. Auch die Stationen Königsplatz und Georg-Brauchle-Ring lohnen die unterirdische Reise. Am Marienplatz und am Hauptbahnhof hat man mit dem Umbau bei laufendem Betrieb begonnen. Das Lichtdesign am Marienplatz wird ebenfalls von Ingo Maurer entworfen.

Kon scho sei
Ist schon möglich
So is a wieda ned
So kann man das nicht sagen,
Ausdruck des Zweifels
A bissi wos geht imma
Ein bisschen ist immer möglich
Schau mer moi ...
Warten wir es mal ab
Schmarrn ...
Unsinn
Des woas i a ned ...
Keine Ahnung oder Das weiß ich
nicht
Nacha pack'mas ...
Lass und gehen
Aba heid nimma ...
Heute auf keinen Fall mehr
Ja, spinn i denn ...
Ausdruck der Bewunderung: ab-
solute Zustimmung

Verkehrsmittel

**Münchner Verkehrsgesellschaft
(MVG)**
℡ 0800–344 22 66 00,
℡ (089) 21 91 23 78
www.mvg.de
Kundencenter: Detaillierte Informationen bekommt man im Kundencenter im Untergeschoss am
Hauptbahnhof und am Marienplatz
Mo–Fr 8–20, Sa 9–16 Uhr
Infopoints: Diese Schalter befin-
den sich im jeweiligen Zwischengeschoss der U- bzw. S-Bahnstation
Karlsplatz (Stachus), Münchner
Freiheit, Odeonsplatz, Olympiazentrum, Sendlinger Tor
Für die Benutzung von Bus, Tram,
U- und S-Bahnen gibt es je nach
Aufenthaltsdauer die unterschiedlichsten Angebote. Das System ist
nicht unbedingt leicht zu verste-
hen. Es gibt zum Beispiel Einzel-,
Streifen- oder Tageskarten, aber
auch IsarCard60 oder IsarCard9Uhr
für Vielfahrer. Die Einzelfahrkarte
kostet für die Kurzstrecke € 1,40.
Für mehrere Fahrten und Personen kann sich die 10er-Streifen-

karte für € 13 rechnen. Tageskarten sind für beliebig viele Fahrten
innerhalb eines Tages geeignet
und gelten bis sechs Uhr morgens
des Folgetages. Sie sind als Single-
Tageskarte oder als Gruppen-Ta-
geskarte für bis zu fünf Personen
erhältlich. Kinder zwischen 6 und
14 Jahren zählen halb (www.mvv-
muenchen.de).
Preise: Tageskarten Innenraum
(weiße Zone): Single €6,20, Gruppe
€ 11,70
Gesamtnetz: Single € 12, Gruppe
€ 22,30
Drei Tage Innenraum: Single
€ 15,50, Gruppe € 27,10. (Stand:
Aug. 2015)

HandyTicket
Auf jedem Smartphone mit einem IOS- oder Android-Betriebs-
system kann kostenlos im App-
Store oder bei Google Play die
App »MVG Fahrinfo München«
geladen werden.
   Hier gibt es Handy-Tickets sowie Live-Abfahrtszeiten für U-
und S-Bahnen, Tram und Busse. ∎

*Zu jedem bayerischen Fest gehört
eine zünftige Blaskapelle*

Die **fetten** Seitenzahlen verweisen auf ausführliche Erwähnungen, *kursiv* gesetzte Begriffe bzw. Seitenzahlen beziehen sich auf den Service.

Dein Foto.
Deine Postkarte.

mypostcard.com

Versende deine Fotos vom Smartphone als echte, gedruckte Postkarte weltweit!

1. MyPostcard App kostenlos laden
2. Deine Foto-Postkarte gestalten
3. ECHTE Postkarte weltweit versenden

Available on the
App Store

ANDROID APP ON
Google play

MyPostcard

infopoint
museen & schlösser
in bayern

Informationen
bayerische Museen & Schlösser
München im *Alten Hof* lebendige
Geschichte Kaiser Ludwig der Bayer
multimediale *Dauerausstellung* Münchner
Kaiserburg gotisches Gewölbe
Affenturm mittelalterliche *Stadtmauer*

Alter Hof 1 • 80331 München • Mo-Sa 10-18 Uhr
www.infopoint-museen-bayern.de

Konzeption, Layout und Gestaltung dieser Publikation bilden eine Einheit, die eigens für die Buchreihe der **Go Vista City/Info Guides** entwickelt wurde. Sie unterliegt dem Schutz geistigen Eigentums und darf weder kopiert noch nachgeahmt werden.

© VISTA POINT Verlag GmbH, Birkenstr. 10, D-14469 Potsdam
4., aktualisierte Auflage 2016
Alle Rechte vorbehalten
Reihenkonzeption: Andreas Schulz & VISTA POINT-Team
Bildredaktion: Andrea Herfurth-Schindler
Lektorat: Franziska Zielke, Christina Richter
Layout und Herstellung: Sandra Penno-Vesper, Kerstin Hülsebusch-Pfau
Reproduktionen: Henning Rohm, Köln
Kartographie: Kartographie Huber, München
Anzeigenverkauf: Kommunalverlag GmbH & Co. KG, Ottobrunn
Druckerei: Colorprint Offset, Unit 1808, 18/F., 8 Commercial Tower, 8 Sun Yip Street, Chai Wan, Hong Kong
VP10XV

ISBN 978-3-95733-620-0

An unsere Leser!
Die Informationen dieses Buches wurden gewissenhaft recherchiert und von der Verlagsredaktion sorgfältig überprüft. Nichtsdestoweniger sind inhaltliche Fehler nicht immer zu vermeiden. Für Ihre Korrekturen und Ergänzungsvorschläge sind wir daher dankbar.

VISTA POINT Verlag
Birkenstr. 10 · 14469 Potsdam
Telefon: +49 (0)3 31/817 36-400 · Fax: +49 (0)3 31/817 36-444
info@vistapoint.de · www.vistapoint.de · www.facebook.de/vistapoint.de